Cal Newport

Wie man immer Bestnoten bekommt

REDLINE | VERLAG

Cal Newport

Wie man immer Bestnoten bekommt

Bewährte Lernstrategien, um mit geringstem Aufwand den Abschluss zu erreichen

–

für Schüler, Azubis und Studenten

Vom Bestsellerautor von *Konzentriert arbeiten*

Bibliografische Information der Deutschen Nationalbibliothek
Die Deutsche Nationalbibliothek verzeichnet diese Publikation in der Deutschen Nationalbibliografie. Detaillierte bibliografische Daten sind im Internet über http://dnb.d-nb.de abrufbar.

Für Fragen und Anregungen
info@redline-verlag.de

1. Auflage 2022

Türkenstraße 89
80799 München
Tel.: 089 651285-0
Fax: 089 652096

Übersetzung: Friederike Moldenhauer
Redaktion: Christiane Otto
Umschlaggestaltung: Karina Braun
Satz: ZeroSoft, Timisoara
Druck: CPI books GmbH, Leck
Printed in the EU

ISBN Print 978-3-86881-910-6
ISBN E-Book (PDF) 978-3-96267-463-2
ISBN E-Book (EPUB, Mobi) 978-3-96267-464-9

Weitere Informationen zum Verlag finden Sie unter

www.redline-verlag.de

Beachten Sie auch unsere weiteren Verlage unter www.m-vg.de

Inhalt

Einführung

»Meine Freunde haben sich immer gewundert, warum ich nicht in der Bibliothek saß, sondern im Café verabredet war, mit anderen zu einer Party oder Veranstaltung gegangen bin. Sie sagten, bei mir sähe das alles so leicht aus.«

Anna, *Einserkandidatin im College*

Du hältst hier keinen normalen Lernratgeber in den Händen. Im Gegensatz zu den anderen Büchern mit der gleichen Zielsetzung, wurde dieser hier weder von Professoren noch von selbsternannten Studienexpertinnen entwickelt. Ich kann dir versprechen, dass du hier nicht lernst, wie man clever Notizen macht, Mindmaps erstellt oder eine andere »optimale Lernmethode« anwendet, die sich irgendwer unter Laborbedingungen, weit weg vom Unileben ausgedacht hat.

Stattdessen verrät dieser Ratgeber zum ersten Mal, wie reale Einserkandidaten für ihre Prüfungen lernen. Alle Tipps, die im Folgenden dargestellt werden, habe ich aus zahlreichen Interviews herausgearbeitet, die ich mit einer Gruppe von Einserkandidaten in ihren ersten Semestern geführt habe. Meine Interviewpartner gehörten hauptsächlich zur Phi-Beta-Kappa-Studentenverbindung, die ihre Mitglieder aus den renommiertesten Colleges und Universitäten der USA bezieht – darunter Harvard, Princeton, Yale, Dartmouth, Brown, Columbia, Duke, Amherst und Skidmore. Dabei habe ich darauf geachtet, dass ein möglichst breites Spektrum von Fächern abgedeckt wird. In jedem Gespräch befragte ich mein Gegenüber nach ihren oder seinen Lerntechniken. Meine Fragen umfassten generelle Themen (»Wie überwindest du Aufschieberitis?«) ebenso wie spezifische (»Wie findest und ordnest du Quellen für eine Hausarbeit?«). Wenn die Antworten erkennen ließen, dass es sich nur um einen Streber handelte, der seine guten Noten allein durch stures und ausgiebiges Büffeln bekam, landeten diese Informationen nicht in diesem Buch. Denn wer mich interessierte, waren diejenigen, die bessere Noten nicht dadurch bekamen, dass sie länger lernten (und sich mehr quälten), sondern die cleverer und effizienter lernten.

Woher ich wusste, dass es sie gab? *Nun, ich war selbst so einer gewesen.* Als ich als Erstsemester am Dartmouth College anfing, hatte ich keine Ahnung, wie man sich auf Prüfungen vorbereitet oder Hausarbeiten auf Universitätsniveau schreibt. Wie die meisten Gymnasiasten dachte ich, es würde ausreichen, meine Notizen aus dem Unterricht und die Lösungen der Hausaufgaben so häufig wie möglich durchzulesen. Ich glaubte, eine wissenschaftliche Arbeit würde so entstehen, dass man sich vor den Computer setzt, zu tippen anfängt und so lange sitzenbleibt, bis sie fertig ist. Das einzige Problem ist allerdings, dass eine Ausbildung oder ein Studium etwas anderes ist als die Schule. Die Inhalte, die man bewältigen muss, sind komplexer und die Erwartungen der Lehrperson sind höher. Wenn man als Azubi oder Studentin auf eine Prüfung oder ein Referat hinarbeitet, bedeutet das meist, dass man mit Brachialmethoden lernt und Qualen erleidet. Dennoch bleiben die meisten bei diesen Methoden. Und genau deswegen machen sie die Nächte am Schreibtisch durch – so entstehen die Widerstände gegen den Unterricht und das Lernen. Die Strapazen und punktuellen Erfolge dieser Methode gründen auf der allgemeinen Annahme, dass Einsernoten nur Genies oder Bücherwürmern vorbehalten seien.

Als ich zu studieren anfing, war ich auch dieser Überzeugung. Aber schon bald schlichen sich bei mir Zweifel ein. Es dauerte nicht lange, bis mir schwante, dass es bessere Lernmethoden geben musste, um die Inhalte zu begreifen. Ich probierte die einfachen Techniken aus – mit sehr unterschiedlichen Ergebnissen. Schrieb ich die ganze Nacht an einem Aufsatz, bekam ich gerade mal eine Zwei minus, lernte ich hektisch in letzter Minute für einen Test, bekam ich eine Eins. Und immer hatte ich das Gefühl, ich hätte nicht genug gelesen, immer hatte ich das Gefühl, stets drohte ein weiterer Abgabetermin am Horizont, den ich kaum schaffen würde. In meinem Leben herrschte echtes Chaos. Aber wenn ich mich umsah, schien das bei all meinen Freunden der Fall zu sein – und niemand stellte sich die Frage, woran das lag. Das passte mir irgendwie nicht. Ich gab mich nicht damit zufrieden, mich über lange Zeiträume hinweg abzuplagen, nur um dann mal gerade eben zum Durchschnitt zu gehören. Ich wollte einzigartig sein. Und ich wollte gute Noten bekommen, ohne auf Schlaf und Zeit mit meinen Freunden verzichten zu müssen. Für viele Lernende hört sich das wahrscheinlich hoffnungslos anmaßend an. Aber von Natur aus bin ich Optimist und in Anbetracht des traurigen Zustands meiner Lernfertigkeiten war ich mir sicher, dass es einen besseren Weg geben musste.

In den ersten beiden Semestern suchte ich mir durch wiederholtes Experimentieren einen Werkzeugkoffer aus einigermaßen guten Lerntechniken zusammen. Und sobald ich sie perfektioniert hatte, kam ich zu überzeugenden Ergebnissen. Von den 36 Kursen, die ich zwischen dem dritten und achten Semester absolvierte, bekam ich exakt einmal eine Eins minus und 26 glatte Einsen. Das Erstaunlichste allerdings war, dass ich viel weniger Zeit in das Lernen investiert hatte. Je stärker ich meine Strategien optimierte, desto weniger Zeit brauchte ich. Als ich mich auf mein Examen vorbereitete, *tat ich manchmal so*, als wäre ich auf dem Weg in die Bibliothek, nur um meine Mitbewohner nicht zu demoralisieren, die sich auf eine weitere lange Nacht am Schreibtisch einstellten.

Was war mein Geheimnis? *Effizienz.* Die Wahrheit ist einfach, dass das Lernen mit Gewalt, wie es die meisten machen, unglaublich ineffizient ist. Wenn es darum geht, sich auf eine Prüfung vorzubereiten, ist es nicht sonderlich sinnvoll, passiv Texte zu lesen, wenn man komplexe Konzepte begreifen will. Außerdem laugt man das Hirn aus, was wiederum dazu führt, dass man sich weniger Informationen merken kann. Dasselbe Problem besteht beim Verfassen von wissenschaftlichen Arbeiten. Ohne die richtige Vorbereitung ist es sehr ermüdend, eine Hausarbeit zu erstellen – und am Ende dreht man sich im Kreis. Nach einiger Zeit gelingt es einem nicht mehr, in angemessener Zeit Sätze verständlich zu formulieren. Im Gegensatz dazu nutzte ich Techniken zum Lernen, die ich so optimiert hatte, dass ich mehr Inhalte als meine Kommilitonen lernen konnte und dafür sogar noch weniger Zeit investieren musste. Indem ich überflüssige Angewohnheiten ablegte und aufhörte, meine

Energie zu verschwenden, verwandelte ich die Prüfungsvorbereitung und das Verfassen von wissenschaftlichen Arbeiten in eine zielgerichtete Unternehmung, anstatt sie wie vorher zu fürchten.

Ich glaubte lange, ich sei der Einzige, der clevere Lernmethoden entdeckt hatte, doch schon bald wurde ich dieser Illusion beraubt – leider. Dass ich irrte, fiel mir im letzten Studienjahr bei der feierlichen Aufnahmezeremonie in die Studentenverbindung Phi Beta Kappa auf. Zusammen mit 30 anderen gehörte ich mehr oder weniger zu den Besten meines Jahrgangs, der über 1000 Studierende umfasste. Dementsprechend war ich darauf vorbereitet, diesen Abend mit echten Strebern zu verbringen. Aber wie sich herausstellte, irrte ich mich.

Als ich den Saal betrat, in dem die Feier stattfand, war ich überrascht, wie viele Leute ich schon vom Sehen kannte. Allein aufgrund dieser Tatsache wäre ich nie darauf gekommen, dass es sich dabei um Einserkandidaten handelte. Darunter waren die Chefredakteurin der Unizeitung, bekannte Partypeople und Ökos. Ich kannte sie vom Feiern, von Studentenorganisationen und durch gemeinsame Freunde. Bei den meisten handelte es sich um normale, vielseitig engagierte und interessante Typen. Ganz und gar nicht die schnarchigen Streber, die ich in dieser Riege der Superstudenten erwartet hätte. Meine Lektion an diesem Abend war offensichtlich die, dass ich vielleicht doch gar nicht so einmalig war, wie ich zuerst geglaubt hatte. Vielleicht hatten auch andere das Geheimnis, wie man an der Uni Erfolg hat, entdeckt.

Schon bald meldete sich mein Schreibinstinkt. Ich war so fasziniert davon, wie genau diese offenbar ganz normalen Studenten so gute Noten bekommen hatten, sodass ich all den anderen Phi-Beta-Kappa-Studierenden einen Fragebogen zu ihren Lernmethoden schickte. Die meisten beantworteten mir gern meine Fragen. Schnell wurde mir klar, dass meine Vermutungen zutrafen: Nicht nur lernten viele von ihnen auf innovative Weise mit Strategien, die sie selbst entwickelt hatten, sondern ihre Herangehensweisen ähnelten meinen Erfindungen der vorangegangenen Jahre überraschend deutlich.

Als ich gerade das Manuskript für mein erstes Buch *How to Win at College* überarbeitet hatte, war ich nicht so richtig scharf darauf, gleich mit dem nächsten großen Buchprojekt weiterzumachen. Aber nachdem ich mir die ersten Reaktionen auf meinen Fragebogen angesehen hatte, fiel mir etwas Interessantes auf: Während die meisten Schüler, Azubis oder Studierenden sich mühsam mit Aufsätzen und Auswendiglernen abrackern, gibt es ein kleines feines Grüppchen von Ausbildungs- und Studienanfängern, die mittels unkonventioneller Strategien sehr gute Noten in sehr wenig Zeit erlangen. Ich wollte diese Geheimnisse einer breiteren Gruppe weitergeben, und schon gab es eine neue Buchidee. Also schickte ich noch mehr Fragebögen an noch mehr Einserkandidaten an Colleges in den ganzen USA. Schließlich hatte ich genügend Antworten von möglichst unterschiedlichen Studierenden mit verschiedenen Hintergründen und Studienfächern beisammen. Daraus habe ich die Tipps extrahiert, die ich in diesem Ratgeber wiedergebe.

Auf den folgenden Seiten kannst du die Details dieser Strategien entdecken, die häufig überraschend daherkommen. Sie werden ergänzt durch Beispiele und Fallstudien, die zeigen, wie man die Tipps in vielen verschiedenen Alltagssituationen beim Lernen anwenden kann. Hier lernst du, wie du

- deine Zeit organisierst und mit Aufschieberitis umgehst,
- im Unterricht gezielt Aufzeichnungen machst,
- Lektüre und Aufgaben leicht bewältigst,
- effizient für Prüfungen lernst,
- Prüfungen meisterst,
- präzise Referate/Erörterungen schreibst,
- eingehend recherchierst
- und hervorragende Hausarbeiten verfasst.

Denk dran, dass diese Hinweise von echten Studierenden stammen und durch Trial-and-Error-Methoden in Hörsälen von echten

(Berufs-)Schulen und Universitäten verfeinert worden sind. Das ist wichtig. Darin unterscheidet sich dieses Buch von all den Lernratgebern, die es schon im Buchhandel gibt. Wie bereits erwähnt, werden solche Ratgeber entweder von Lehrenden oder Lernexperten geschrieben, die ihre eigene Schul- oder Unizeit schon viele Jahre hinter sich haben. Deshalb haben diese Autoren keine Erfahrung mehr damit, wie das Leben eines Azubis oder einer Studentin in der Wirklichkeit aussieht. Eines dieser Werke von den College-Professoren Allan Mundsack, James Deese und Ellin K. Deese, *How to Study*, schlägt vor, man solle sich morgens den Wecker auf 7 Uhr stellen und abends um 23 Uhr schlafen gehen und regelmäßig eine einzige Stunde »Freizeit« pro Tag einplanen. Den Rest der Zeit verbringt man dann mit Lernen, Schlafen, Essen. Da bekommt man den Eindruck, dass es recht lange her ist, dass diese Autoren mit Studierenden gesprochen haben. Sogar am Freitag – der Abend in der Woche, an dem die meisten ausgehen – ist Lernen bis 22 Uhr vorgesehen, ein Stündchen Pause und danach ab ins Bett.

In dem Buch *Student Success Secrets* macht Eric Jensen ähnlich weltfremde Vorschläge. Die Tipps des Lernexperten und professionellen Redners beinhalten beispielsweise diesen: Um den roten Faden einer Lektüre zu behalten, rät er »malen Sie es auf und nutzen Sie leuchtende Farben«, »stellen Sie den Inhalt schauspielerisch dar oder veranstalten Sie ein lustiges Rollenspiel« oder »denken Sie sich ein Lied aus oder dichten Sie ein bestehendes um, machen Sie einen Rap daraus«. Stellen wir uns jetzt einfach mal eine reflektierte Geisteswissenschaftlerin vor, die sich an einen Rap macht, um die poststrukturalistischen Interpretationen viktorianischer englischer Literatur von ihrer Lektüreliste dazustellen! (Kernfrage: Was reimt sich auf »Foucault?«)

Der Prototyp aller unrealistischer Lernratgeber ist wahrscheinlich aber das Buch *What Smart Students Know* – Was schlaue Schüler wissen – vom Mitbegründer von Princeton Review, einem Anbieter für

Vorbereitungskurse auf Universitätseingangstests (Anm. d. Übers.)[1], Adam Robinson. In seinem Bestseller schlägt Adam Robinson vor – ich schwöre, dass ich mir das hier nicht ausdenke –, sich auf eine Frage zu einer Lektüre in *zwölf Schritten* vorzubereiten! Du hast richtig gelesen, zwölf einzelne Schritte. Bevor man sich überhaupt an die Fragestellung der Aufgabe macht, schlägt Robinson vor, man solle sich zunächst Fragen zur Bedeutung des Lesens an sich notieren und dann das Wissen, das man bereits darüber hat, niederschreiben. In den folgenden Schritten geht es dann darum, woran einen das Lesen erinnert und was man gern lernen würde. Dann fordert er seine Leser auf, unter anderem die Fragestellung drei Mal unabhängig voneinander zu lesen und dann die eigenen Notizen entsprechend umzuschreiben. Die vorhandenen Informationen solle man bildlich darstellen, »Fragetabellen« entwerfen und Mnemotechnik, also Gedächtnishilfen, einsetzen, damit man die Hauptgedanken besser behält. Unnötig zu erwähnen, dass diese Herangehensweise an eine einfache Lektüreaufgabe komplett unrealistisch ist – das ist fast schon lustig. Ich habe mir sogar die Mühe gemacht, einmal nachzurechnen: In einem durchschnittlichen Seminar in den Geisteswissenschaften an einer US-amerikanischen Universität wird von den Studierenden ein Lesepensum von wöchentlich gut und gern ca. 200 Seiten erwartet. In seinem Buch präsentiert Robinson als Beispiel einen einseitigen Text und 23 verschiedene Fragen, die er diesbezüglich vorschlägt. Nehmen wir an, dass man ungefähr 30 Sekunden für die Beantwortung jeder Frage aufbringen muss, dann wären wir bei ca. 40 Stunden pro Woche (also im Prinzip die Zeit, die einem Vollzeitjob entspricht), um einen der zwölf Schritte zu einem Buch für ein einziges Seminar zu erfüllen. Das klingt nach einem sehr guten Plan!

Diese Beispiele zeigen einfach, dass die Ratschläge in den meisten vorhandenen Lernratgebern, die von »Experten«, nicht Studierenden, geschrieben sind, in den meisten Fällen kaum umsetzbar und extrem

1 https://www.princetonreview.com/college/sat-test-prep?ceid=newhp-nav-1

zeitaufwendig sind. Hingegen ist *Wie man immer Bestnoten bekommt* der erste Lernratgeber, der tatsächlich auf den Erfahrungen von Studierenden am College aufbaut. Er ist eine echte Alternative zu den bereits existierenden Büchern zu diesem Thema. In den folgenden Kapiteln findest du praxisnahe Strategien, die sich in deinem Alltag als Schüler, Auszubildende oder Student umsetzen lassen. Vielleicht sind sie nicht so differenziert wie die komplizierten Systeme, die von den »Experten« ausgedacht wurden, aber sie lassen sich leicht umsetzen – und sie erfüllen ihren Zweck. Und das Beste daran ist: Sobald du anfängst, sie umzusetzen, wirst du umgehend Erfolge sehen.

Denk daran: Sollte eine Empfehlung nicht so richtig zu deinen Bedürfnissen oder Lebensumständen passen, dann ist das auch in Ordnung. Damit ist zu rechnen. Jeder, den ich für dieses Buch befragt habe, hatte seinen individuellen Ansatz, wie man am besten lernt. Geh dem nach und wenn du nicht mehr weiterkommst, experimentiere herum. Ersetze bestimmte Techniken durch welche, die besser zu dir passen. Wenn sie funktionieren, bleib dabei, falls nicht, suche nach einer besseren Lösung. Wie du bessere Noten bekommst, ohne zu einem Streber zu mutieren, basiert nicht auf einer einzelnen Technik allein. Stattdessen geht es eher darum, eine grundsätzliche Entscheidung zu treffen, sich nicht mit einfachen 08/15-Ratschlägen abzugeben und anzufangen, flexibel nach Lernstrategien zu suchen, die für dich gut funktionieren.

Schließlich ist eine Ausbildung oder ein Studium ein Lebensabschnitt mit vielen Facetten, und da sind Noten nur einer von vielen wichtigen Aspekten. Ich hoffe, dass dir dieses Buch hilft, diesen einen Aspekt mühelos zu bewältigen, damit dir mehr Zeit und Energie bleibt, um all die anderen entdecken zu können (neue Freundschaften, unbeschwerter Idealismus, heldenhafter Bierkonsum), die deine nächsten Jahre so spannend machen werden.

Teil 1
Grundlagen

»Ganz oder gar nicht. Im Ernst. Konzentriere dich ganz aufs Lernen, wenn du lernst, dann hast du genügend Zeit, um dich ganz aufs Feiern zu konzentrieren.«

Lydia, *Einserkandidatin*

Häufig höre ich von Lernenden, dass sie nie genug Zeit haben, um all die anstehen Aufgaben zu erledigen. Um sich Luft zu machen, beschweren sie sich darüber, wie viele Stunden sie mit Lernen verbringen – bis spät abends in der Bibliothek sitzen, am Wochenende Referate schreiben. Doch gleichgültig, wie sehr sie sich auch anstrengen, die Zeit scheint nie auszureichen, und immer muss noch etwas erledigt werden. Wie Matthew, Einserkandidat der renommierten Brown University erläutert, geschieht es leicht, dass Studierende »sich in einem andauernden Zustand des Nachholens« befinden. Nachvollziehbar, dass sie das Gefühl haben, ihre Grenzen schon erreicht zu haben. Ihrer Meinung nach müssten sie auf Schlaf oder Freizeit mit ihren Freunden verzichten, weil der Tag einfach nicht genügend Stunden hat, um alles zu schaffen.

Fangen wir mal damit an, eines klarzustellen: Das stimmt so nicht. Das Problem besteht nicht in der Zahl der zur Verfügung stehenden Stunden, sondern was man in diesen Stunden macht. Das weiß ich aus eigener Erfahrung. Als ich für dieses Buch recherchierte, traf ich einige der erfolgreichsten Studierenden der USA. Und ich kann dir garantieren, dass es einem Studi vom Rhodes Colleges gelingt, dreimal mehr Arbeit und Aufgaben in einer einzigen Stunde zu bewältigen als du. Und dabei kriegt er es auch noch hin, wilder zu feiern, als du es dich überhaupt trauen würdest. Damit meine ich nicht, dass es das allgemeine Ziel sein sollte, besoffener Student eines Elite-Colleges zu sein (obwohl das vielleicht gar keine so schlechte Idee ist), sondern worauf ich hinauswill, ist Folgendes: Man kann erstaunlich viel aus einem Zwölfstundentag herausholen – lernen, Entspannung und verbrachte Zeit mit den Freunden. Daher ist Zeitmangel keine Erklärung dafür, warum so viele Studierende sich überfordert fühlen. Womit lässt sich diese Tatsache also erklären? Wie sich herausstellt, basiert die Antwort eher darauf, *wie* wir arbeiten, als darauf, was wir in der vorhandenen Zeit zu erledigen versuchen.

Unser menschliches Hirn hat sich so entwickelt, dass uns kurzfristige Aufgaben (»lauf vor diesem Löwen weg« oder »nimm diese Nahrung auf«) lieber sind. Wenn du also an einem Sonntagmorgen in die Bibliothek gehst mit dem Ziel, alle Arbeitsaufträge zu erledigen und eine Hausarbeit fertigzuschreiben, ist dein Hirn darüber gar nicht glücklich. Die Perspektive, acht Stunden lang nonstop in einer Lesekabine eingesperrt zu sein, ist entmutigend. Darüber hinaus ist es schwer, sich über solch eine Zeitspanne zu konzentrieren, denn schon bald tritt Ermüdung ein. Die Konzentration lässt nach, deine Gedanken schweifen ab und die kleinste Sache, die dich ablenkt, ist unglaublich faszinierend. Bevor du es dich versiehst, ist es Abend, und du musst feststellen, dass du nicht sonderlich produktiv gewesen bist.

Am nächsten Tag ist der Stapel an Aufgaben noch gewachsen, denn die unerledigten Dinge von Sonntag sind noch hinzugekommen, und am Montag geht das Ganze wieder von vorne los.

»Pseudo-Arbeit« nennt Jason, ein Einserkandidat von der University of Pennsylvania, diese Herangehensweise ans Lernen. Diejenige Person, die Pseudo-Arbeit verrichtet, hat das Gefühl, sich wirklich anzustrengen. Sie verbringt Stunden in der Bibliothek und scheut sich nicht, auch spät abends noch am Schreibtisch zu sitzen. Allerdings schafft sie nicht viel, denn es mangelt ihr an Fokus und Konzentration. Menschen mit dieser schlechten Angewohnheit sind an fast allen (Berufs-)Schulen und Unis anzutreffen. An der Dartmouth University war zum Beispiel ein Teil der Bibliothek 24 Stunden am Tag geöffnet. Man sah dort Studis in Grüppchen Kaffee trinken und hörte sie sich darüber beklagen, wie schwer sie es doch hatten. Das ist Pseudo-Arbeit. Die Mitbewohnerin, die auf der Couch ihre Notizen aus dem Chemieseminar durchblättert, während sie fernschaut, tut nur so, als arbeite sie. Der Typ, der drei Mahlzeiten, eine Decke und ein Sixpack Energiedrinks in den Aufenthaltsraum mitbringt, um sich auf eine Nachtschicht mit Schreibmarathon einzurichten, macht Pseudo-Arbeit. Indem sich diese Studierenden in einer Umgebung aufhalten, die einfach ablenkt, darauf bestehen, stundenlang ohne Unterbrechung an ihren Referaten zu sitzen, bremsen sie ihr Gehirn aus, seine Fähigkeit voll zu entfalten. Es funktioniert nicht mehr klar und arbeitet nicht mehr effizient an der vorliegenden Aufgabe. Das Ergebnis: Erschöpfungskopfschmerz und nichtssagende Ergebnisse.

Doch noch problematischer ist, dass diejenigen noch nicht mal erkennen, dass sie nur vorgeblich arbeiten. Für sie *ist* Pseudo-Arbeit Arbeit – so haben sie es schon immer gemacht, und so machen es ihre Freunde auch. Nie kommt ihnen der Gedanke, dass man es auch anders machen könnte. Einserkandidaten kennen sich auf der anderen Seite sehr gut mit Pseudo-Arbeit aus. Sie fürchten sie, und das aus gutem Grund. Sie ist nicht nur Zeitverschwendung, sondern auch kräftezehrend. Man kann einfach nicht ausgeglichen, glücklich und schulisch erfolgreich sein, wenn man regelmäßig die Nächte durcharbeitet und seine Freizeit für stundenlanges und ineffizientes Lernen opfert. Die Studierenden, die ich für dieses Buch interviewt habe, betonten immer wieder, wie wichtig es sei, nicht in diese Falle zu tappen. Ganz im Gegenteil – als ich nach der einen Fähigkeit fragte, wie man Einsen bekommt, ohne den ganzen Tag über den Büchern zu hocken, war die Antwort meist, wie wichtig es sei, die Arbeit schnell und mit einem Minimum an Energieverschwendung zu erledigen.

Wie erreichten die Befragten dieses Ziel? Ein wichtiger Teil der Lösung liegt im Timing. Bei ihnen stimmte das Verhältnis von Aufwand und Ergebnis, indem sie ihre Aufgaben gezielt in konzentrierten kurzen Abschnitten erledigten. Um die Wirkung dieses Ansatzes zu verstehen, schauen wir uns die folgende einfache Gleichung an:

Erledigte Arbeit = Zeitaufwand x Intensität des Fokus

Pseudo-Arbeit zeichnet sich durch eine geringe Intensität des Fokus, der Zielgerichtetheit, aus. Um also auf diese Weise eine Aufgabe zu erledigen, braucht man mehr Zeitaufwand. Dem Einserkandidaten-Ansatz zufolge wird die Intensität maximiert, um den Zeitaufwand zu minimieren. Als Beispiel legen wir für die Intensität eine Skala von 1 bis 10 fest (10 ist die maximale Intensität). Nehmen wir an, dass die Vorbereitung auf eine Prüfung bei einer geringen Intensität von Stärke 3 zehn Stunden dauert, wenn wir Pseudo-Arbeit zugrunde legen. Nach unserer Formel kann dieselbe Arbeit in drei einstündigen Blöcken erledigt werden, wenn die Intensität des Fokus 10 beträgt. Die Arbeit, für die du dir also den ganzen Sonntag vorgenommen hast, kann stattdessen in einer Stunde nach dem Frühstück, einer Stunde nach dem Mittagessen und einer Stunde nach dem Abendessen bewältigt werden – den Rest der Zeit hast du frei und kannst etwas Schönes unternehmen!

Mit dieser Formel im Hinterkopf verstehst du, warum Einserkandidaten wirklich *weniger Zeit* für das Lernen aufbringen als ihre Mitschüler oder Kommilitoninnen: Anstatt viele Stunden lang mit geringer Konzentration an etwas zu arbeiten, kommen sie in kurzen Zeitabschnitten mit hoher Konzentration voran. Aber das ist natürlich nicht die ganze Geschichte ihres Erfolgs. Es geht vor allem auch darum, was die Einserkandidaten in diesen Zeitabschnitten machen. Die *Technik* ist genauso wichtig wie das *Timing*. In Teil 2 (Tests und Prüfungen) und Teil 3 (Schriftliche Arbeiten) wenden wir uns den technischen Details zu. Aber sich einen effizienten Arbeitsplan zu machen und sich von Pseudo-Arbeit für immer zu verabschieden, sind zwei wichtige Schritte, um deine Arbeitsweise radikal zu ändern.

Um diese Umwandlung zu schaffen, wirst du dir jedoch auch Gedanken über deine Lebensweise machen müssen – und das ist meistens leichter gesagt als getan. Beispielsweise wirst du diese intensiven Arbeitseinheiten über einen längeren Zeitraum verteilen müssen, damit du in der Phase dazwischen deine Batterien wieder aufladen kannst. Dazu ist grundlegendes Zeitmanagement nötig. Außerdem wirst du möglicherweise deine Aufschieberitis, also die Neigung zur Prokrastination, aufgeben müssen, denn sich eine kluge Zeiteinteilung für das Lernen zu überlegen ist zwecklos, wenn du in der vorgesehenen Zeit nicht arbeitest. Dazu wiederum ist Eigenmotivation wichtig. Um schließlich das Höchstmaß an Intensität erreichen zu können, braucht es eine sorgsame Auswahl des Ortes, der Tageszeit und der Dauer deiner Arbeitseinheit. Geht man bei diesen drei Faktoren nicht umsichtig vor, kann man unfreiwillig die eigene Konzentrationsfähigkeit sabotieren. Also bedarf es einer klugen Planung.

In Teil Eins zeige ich dir, wie du diese Voraussetzungen erfüllst. Das beginnt mit einem einfachen System für das Zeitmanagement, dass sich an den arbeitsreichen Alltag an der (Berufs-)Schule und Uni anpassen lässt. Keine Angst, dieses System ist ganz schlicht, mehr als fünf Minuten täglich sind für die Planung nicht nötig, und wenn das System mal ein paar Tage vernachlässigt wird, ist es auch kein Drama. Danach geht es weiter mit einer Sammlung kampferprobter Strategien, die dir dabei helfen, das ewige Aufschieben zu meistern. Die Tipps dazu stammen von echten Studierenden aus ihrem Alltag und funktionieren daher auch mitten im Chaos und den vielfältigen Ablenkungen, denen man so in der Ausbildung oder beim Studium ausgesetzt ist – sie sind einfach in der Anwendung und überraschend effektiv. Schließlich stelle ich dar, welche Tageszeit und welcher Lernort optimal sind und wie lang die Zeitspanne sein sollte, in der du lernst, damit du extra produktiv sein kannst. Die Befragten in diesem Buch haben ausgiebig herumexperimentiert, um für sich selbst Antworten auf diese wichtigen Fragen zu finden, und ich werde sie an dich weitergeben.

Insgesamt stellen all diese erforderlichen Fertigkeiten die Grundlage für die folgenden Ratschläge dar. Ohne sie kannst du die bestimmten Lerntechniken, die ich in Teil Zwei und Drei beschreibe, nicht anwenden. Gelingt es dir aber, sie dir anzueignen, wirst du erleben, dass du dich verbesserst, und zwar in allen Lebensbereichen – nicht nur, was deine Noten betrifft. Du wirst mehr Freizeit haben, du bekommst den Schlaf, den dein Körper benötigt, du kannst härter feiern, und du hast mehr Energie, um dich auch noch mit anderen Dingen zu beschäftigen. Also: Entspann dich. Gleich wirst du den ersten Schritt unternehmen, um an der Schule und in der Uni produktiver zu sein und mehr Freude zu haben.

Schritt 1

Zeitmanagement in nur fünf Minuten täglich

Echte Einserkandidaten hassen Zeitmanagement, wie die meisten vernünftigen Schülerinnen und Studierenden. Schließlich geht es in der Universität darum, seine intellektuelle Neugier zu stillen, neue Leute kennenzulernen und sich eingehend mit sinnlos komplizierten Trinkspielen auseinanderzusetzen. Ein übersteigertes Interesse an Zeitmanagement sollte man besser gehetzten Führungskräften (oder vielleicht noch Medizinern im Examen) überlassen. Zugleich kannst du deinen Termin- und Stundenplan jedoch nicht ganz aus den Augen lassen. Wie bereits in der Einleitung beschrieben, setzen alle Lerntechniken, die ich in diesem Buch beschreibe, voraus, dass du zu einem Mindestmaß in der Lage bist, deine Zeit zu planen. Ist das nicht der Fall, kannst du dich jetzt schon mal darauf einstellen, dass du bis zur Abschlussprüfung deinen Aufgaben immer hinterherhinken wirst. Wie Doris, eine

Einserkandidatin von der Harvard University, sagte: »Zeitmanagement ist alles. Das muss man im Laufe der Zeit an der Uni lernen.«

Allerdings verstehen die meisten Lernenden den Zweck von Zeitmanagement falsch. Sie glauben, es gehe darum, so viel Arbeit wie möglich in einen Tag zu quetschen. Doch es geht um etwas ganz anderes, wenn man versucht, die eigene Zeit unter Kontrolle zu halten. Wie sich zeigt, kann ein wenig Planung dafür sorgen, dass sich dein täglicher Stresslevel ganz von allein senkt. Immer an Abgabetermine und Verpflichtungen denken zu müssen, ist anstrengend – so kann man unmöglich entspannen, und mit der Zeit kann das zum Zusammenbruch führen. Wenn du jedoch herausgefunden hast, welche Arbeit erledigt werden muss, und wann du sie erledigst, fällt dir eine Last von den Schultern. Die Unsicherheit verschwindet: Wenn du dich an die Arbeit machst, kannst du dich voll auf deine Aufgaben vor dir auf dem Schreibtisch konzentrieren, und wenn du deine Freizeit genießt, kannst du das ganz ohne schlechtes Gewissen tun und ohne nervös zu werden. »Ich glaube nicht daran, auf etwas verzichten zu müssen«, erklärt Jana. Die Einserkandidatin von der Princeton University fährt fort: »... weder auf meine Freunde, noch auf meine Hobbys noch auf meinen Erfolg an der Uni.« Sobald du ein gesundes Maß an Kontrolle über deine Zeiteinteilung hast, stellt sich ein Gleichgewicht ein. Deswegen ist die Fähigkeit, seine Zeit klug einzuteilen so wichtig, wie Doris bereits erwähnt hat. Nur so kannst du das meiste aus deiner Zeit an der (Berufs-)Schule und Universität herausholen.

Das Ziel von diesem 1. Schritt ist, dir ein Zeitmanagementsystem näherzubringen, das dir dabei hilft, diese stressfreie Balance zu erreichen, ohne dass du Dinge aufgeben musst, die das Leben an Schule und Uni so spannend machen. Dabei zeige ich eine Methode für das Zeitmanagement auf, die besonders für die frühen Semester an der Universität geeignet ist, denn:

1. Du benötigst nicht mehr als fünf bis zehn Minuten pro Tag dafür.
2. Die Methode presst deinen Tag nicht unabänderlich in ein Minute-für-Minute-Schema.
3. Sie hilft dir dabei, sich an wichtige Aufgaben zu erinnern, sie zu planen und vor dem allerletzten Augenblick fertigzustellen.
4. Sie kann schnell wieder auf den neuesten Stand gebracht werden, wenn du sie ein paar Tage außer Acht gelassen hast.

Die Einzelheiten zeige ich dir in einigen einfachen Schritten auf, und danach illustriert ein eingehendes Fallbeispiel, wie diese Methode unter Realbedingungen funktioniert.

Was du brauchst

Um dieses System umsetzen zu können, brauchst du zwei Dinge:

1. **Einen Kalender.** Dabei ist es gleichgültig, was für ein Kalender das ist, denn du braucht den nicht mit dir herumzutragen. Es kann Microsoft Outlook sein oder iCal auf deinem Computer, ein billiger Tageskalender oder ein Werbegeschenk. Es geht nur darum, dass du jeden Morgen hineinschauen kannst und der Platz ausreicht, um jeden Tag *mindestens zehn Punkte* aufzuführen.
2. **Eine Liste.** Die trägst du jeden Tag bei dir, denn in sie schreibst du Dinge hinein. Das kann ganz simpel eine Seite aus einem Collegeblock oder Heft sein, jedenfalls *nimmst du sie jeden Morgen mit.*

Der Grundgedanke

Notiere all deine Aufgaben und Abgabetermine in deinen Kalender. Das ist dein Masterplan, der einzige Ort, an dem du die verschiedenen To-dos und Deadlines sammelst. Die entscheidende Idee bei unserem System ist jedoch, dass du nur einmal täglich in diesen Kalender hineinschauen musst. Jeden Morgen überprüfst du ihn, um zu entscheiden, was du versuchen solltest fertigzustellen. Wenn dir dann im Laufe des Tages eine neue Aufgabe gestellt oder ein weiterer Abgabetermin bekannt gegeben wird, schreibst du ihn einfach kurz auf die Liste. Am nächsten Morgen überträgst du dann diese Informationen in deinen Kalender, wo nichts verloren gehen kann. Und dann beginnst du von vorn.

Das ist schon alles. Ziemlich einfach, oder? Das gesamte System lässt sich in drei einfachen Schritten zusammenfassen: 1. Notiere neue Aufgaben und Pflichten im Laufe des Tages auf deiner Liste. 2. Am nächsten Morgen überträgst du sie in deinen Kalender, und dann nimmst du dir 3. ein paar Minuten Zeit, um den Tag zu planen.

Im Folgenden gehe ich auf die einzelnen Schritte genauer ein. Insbesondere brauchen wir Strategien, wie du jeden Tag unter Zuhilfenahme deines Kalenders deine Aufgaben planen kannst und was passiert, wenn etwas Unerwartetes dazwischenkommt und deinen Plan durcheinanderwirft. (Und das wird häufiger geschehen, als du ahnst. Glaub mir.)

Aktualisiere deinen Kalender jeden Morgen

Und genau hier geschieht das Unglaubliche. Nimm dir jeden Morgen einige Minuten Zeit, um deinen Kalender zu aktualisieren und zu überlegen, was an dem jeweiligen Tag ansteht. Das ist die einzige Zeit am Tag, die du in dein Zeitmanagement stecken musst, das ist nicht zu viel verlangt. Dieser Aktualisierungsprozess sollte wie folgt ablaufen:

Hol dir die Liste vom vergangenen Tag hervor. Wahrscheinlich sieht sie so ähnlich aus wie auf Abbildung 1 dargestellt. Es ist eigentlich egal, wie die Liste genau gestaltet ist, dazu kommen wir gleich noch. Jetzt erstmal geht es um die Spalte »nicht vergessen«, in die du die neuen To-dos und Abgabetermine gestern im Laufe des Tages eingetragen hast.

<table>
<tr><th colspan="2">Dienstag, 24. Januar 2006</th></tr>
<tr><th>Heute</th><th>Nicht vergessen</th></tr>
<tr><td>~~10–12 BWL- Seminar~~</td><td rowspan="7">• BWL-Tutorium Donnerstag, 20 Uhr
• Französischtest auf Freitag verschoben
• Wäsche
• Praktikum für Sommerferien suchen</td></tr>
<tr><td>~~12–13 Mensa, Robert~~</td></tr>
<tr><td>~~13–13.45 Staatslehre lesen~~</td></tr>
<tr><td>~~14–16 Staatslehre-Seminar~~</td></tr>
<tr><td>~~16–17.30 Staatslehre zu Ende lesen~~</td></tr>
<tr><td>17.30–18.30 Französisch-Hausarbeit anfangen</td></tr>
<tr><td></td></tr>
</table>

Abb. 1 Beispielliste

Übertrage diese Nicht-vergessen-Punkte in deinen Kalender. Die Termine notierst du für den jeweiligen Tag, die anderen Aufgaben für den Tag, an dem du sie abgeschlossen haben willst. Bei unserem Beispiel schreibst du das BWL-Tutorium unter Donnerstag und den Französischtest unter Freitag. Such dir dann einen Tag für die Wäsche aus, und notiere dir eine Erinnerung an jenem Termin. Dasselbe machst du mit einem Tag, an dem du anfangen willst, nach Sommerpraktika zu recherchieren. In deinem Kalender kannst du die Notizen beliebig hin- und herschieben. Du musst dir bei der Terminvergabe also nicht zu sehr den Kopf zerbrechen, allerdings solltest du auch etwas gesunden Menschenverstand anwenden. Wenn du zum Beispiel am Mittwochnachmittag zwei Treffen hast und noch einen Essay vorbereiten musst, ist es wohl nicht der beste Tag, um auch noch in den Waschsalon zu gehen. Wenn du beispielsweise am Montag eine wichtige Klausur hast, ist es ebenso wenig klug, den Sonntag mit nervigen Erledigungen zu verplanen, denn du musst dich für das Lernen auf die Klausur konzentrieren. Wenn etwas nicht dringend ist, etwa die Suche nach einem Praktikumsplatz für den Sommer, leg dir diese Aktivität auf einen weiter in der Zukunft liegenden Tag, an dem du bislang noch nicht viel vorhast, etwa direkt nach den Prüfungen im Frühjahr oder zu Beginn des Sommersemesters.

Als Nächstes überträgst du die Aufgaben von gestern, die du noch nicht erledigt hast, auf einen neuen Tag. In Abbildung 1 siehst du die Dinge, die vom Vortrag eingetragen worden sind. Wie man hier erkennt, sind alle Punkte als erledigt durchgestrichen bis auf »Französisch-Hausarbeit anfangen«. Diesen Punkt musst du also auf ein neues Datum verschieben.

Jetzt steht in deinem Kalender wieder alles, woran du denken musst. Der nächste Schritt besteht darin, sich zu überlegen, was du am Folgetag erledigen musst. Die Liste von gestern kannst du nun gern in den Papierkorb entsorgen, sie hat ihre Aufgabe erfüllt. Nun kannst du ein neues Blatt Papier nehmen und die Liste für heute notieren. Teile es in zwei Spalten ein (s. Abbildung 1) und übernimm entsprechend der beiden Überschriften »heute« und »nicht vergessen«.

Was steht für heute im Kalender? Vermutlich hast du dir für diesen Tag einige Termine und Aufgaben notiert. Jetzt besteht das Ziel darin, abzuschätzen, was davon du realistisch heute abhaken kannst. Es erscheint dir vielleicht verlockend, der Einfachheit halber alles in deine Liste für heute zu übertragen! *Mach das bitte nicht!* Wenn du wirklich verhindern willst, ständig von deinen Aufgaben überwältigt zu werden, musst du mit deiner Zeit klüger umgehen.

Versuche stattdessen Folgendes: **Verzeichne für jede Aufgabe für heute einen bestimmten Zeitrahmen, in dem du sie erledigen wirst.** Sei ehrlich zu dir selbst. Schreib in die Liste nicht, dass du ab 15 Uhr drei Stunden lang lernen wirst, wenn du weißt, dass du um 17 Uhr ein Lerntreffen hast. Und versuche realistisch einzuschätzen, wie lange eine Tätigkeit wirklich dauert. 200 Seiten kann man nicht in 60

Minuten durchlesen. Viele kleine To-dos lassen sich der Einfachheit halber in einem großen Block zusammenfassen (zum Beispiel: »10 Uhr – 10.45 Uhr: Brief zur Post, Buch zurückbringen, Deo kaufen, Unterlagen ins Studierendensekretariat«). Plane reichlich Zeit für Pausen ein. Statt nur 20 Minuten solltest du dir eine Stunde für das Mittagessen nehmen. Und mach – wenn möglich – zu einer vernünftigen Uhrzeit Schluss. Versuche nicht zu lernen, bis es Zeit ist, ins Bett zu gehen, denn du brauchst auch Zeit, um wieder herunterzukommen und zu relaxen. Und auch wenn es widersprüchlich erscheint: Sei pessimistisch. Denn die Wahrheit ist, dass immer Dinge dazwischenkommen. Nur weil einige Stunden des Tages morgens noch »frei« erscheinen, bleiben sie es nicht unbedingt.

Denk daran, dass es hierbei nicht darum geht, auf Biegen und Brechen alle deine Aufgaben in einen Tag zu quetschen, sondern herauszufinden, wie viele davon du realistisch umsetzen kannst. Wenn du nicht alle Aufgaben heute auf die Liste setzen kannst – kein Problem! Trage die betreffenden Punkte für andere Tage in deinem Kalender ein. Du kannst dich später um sie kümmern.

Der letzte Schritt des Zeitmanagements besteht darin, die Dinge auf die Liste zu setzen, die du unter »heute« erledigen kannst. Wie Abbildung 1 zeigt, notierst du auch hier die entsprechenden Zeiten. So, fertig! Jetzt kannst du über den Tag hinweg jederzeit einen Blick auf deine Liste werfen und weißt genau, wann du was machen musst.

Aber einen wichtigen Punkt gibt es noch: Die einzelnen Zeiten auf deiner Liste sind nicht in Stein gemeißelt – es handelt sich dabei eher um Vorschläge. Wie wir gleich sehen werden, kannst du Aufgaben im Verlauf des Tages umherschieben, je nachdem, ob du noch Energie hast und ob dir etwas dazwischengekommen ist. Wir haben die einzelnen Aufgaben Zeitfenstern zugeordnet, damit du den Fehler vermeidest, zu glauben, du hättest noch reichlich Zeit im Verlauf des Tages. Viele Studis und Azubis führen eine einfache To-do-Liste, doch wenn die einzelnen Aufgaben nicht mit einer Zeit(-spanne) versehen sind, erweist sich die

Planung leicht als unrealistisch. Auf den ersten Blick wirkt ein Zwölfstundentag wie reichlich Zeit, doch wenn man die reine Unterrichtszeit, Mahlzeiten, Lerngruppen, Pausen und Freizeit einrechnet, wird es plötzlich knapp. Die Gleichung ist ganz einfach: Wenn man die zur Verfügung stehende Zeit überschätzt, schiebt man häufig Wichtiges auf, bis es vielleicht zu spät ist. So kommt es dann zu Nachtschichten, Panikattacken und mangelhaften Leistungen. Der wichtigste Faktor für dich, um gute Noten zu erzielen, ist die Zeit, die du zum Lernen benötigst, realistisch einzuschätzen. Nachdem du ein oder zwei Wochen lang deine Aufgaben benannt und zeitlich geplant hast, bist du schon einen ganzen Schritt weiter, deine Zeitplanung in den Griff zu bekommen.

Schau im Tagesverlauf auf die Liste

Schau während des Tages auf die Spalte »heute«, die dir anzeigt, welche wichtigen Dinge anstehen. Vergiss nicht, dass es im Alltag viele Dinge gibt, die sich nicht vorhersehen lassen, und vieles ergibt sich erst in der letzten Minute. Vielleicht musst du länger in deinem Job arbeiten, deine Mitbewohnerin zeigt dir eine absurde Website, auf der du den Rest des Nachmittags verbringst, weil sie so spannend ist ... du kennst das sicherlich. Daher passt du deine Zeitplanung immer wieder an die jeweilige Situation an. Aber Vorsicht: Vermeide, alles immer nur aufzuschieben! Auf der tagesaktuellen Liste solltest du eine realistische Einschätzung deiner Aufgaben haben, damit du in den folgenden Tagen nicht in den Dingen untergehst, die noch zu machen sind. Das Tagesziel lautet, wenn nicht alle, so doch die meisten Aufgaben am Abend erledigt zu haben. Wenn du im Großen und Ganzen an fünf von sieben Tagen in der Woche deine Aufgaben erledigst, dann bist du so produktiv, wie man es von einer (Berufs-)Schülerin oder einem Studenten erwarten kann. Falls nicht – keine Sorge, dazu kommen wir im nächsten Teil, in dem es um Prokrastination geht.

Denk daran, dass die Liste auch noch einen zweiten, wichtigen Zweck erfüllt, sie ist nämlich eine Übersicht über *neue* Aufgaben, Abgabetermine und Informationen. Nehmen wir beispielweise an, deine Lehrerin kündigt den Termin für eine Klassenarbeit an oder du verabredest dich mit Freunden zum Lernen. Der Trick besteht darin, solche Termine so schnell es geht wieder aus dem Kopf zu bekommen, damit sie nicht unnötig in deinen Gedanken herumschwirren. Notier dir alles Wichtige so schnell es geht ganz kurz in der »Nicht-vergessen-Spalte«. Das kostet dich nur ein paar Sekunden, und danach kannst du dich wieder anderen Dingen widmen. Das sorgfältige Umtragen in deinen Kalender machst du am folgenden Morgen, jetzt reichen ein paar kurze Stichworte auf ein Stück Papier.

Vergiss nicht, dass all die zu erledigenden Aufgaben und Termine, die nur in deinem Kopf existieren, dich Energie kosten, ablenken, stressen und dennoch dazu tendieren, vergessen zu werden. Wenn du lernst, sollst du dich auf nichts anderes konzentrieren als die vor dir liegende Aufgabe, und wenn du deine Freizeit genießt, sollst du auch genau das tun. Allerdings kannst du dich keiner Aufgabe mit 100 Prozent deiner Energie widmen, wenn dir wichtige Termine im Kopf herumschwirren.

Nur wenigen gelingt es, jede einzelne Information, die im Verlauf eines Tages auf einen einprasselt, umgehend in ihrem Kalender einzutragen. Überleg mal: Es ist nachmittags, du hast Hunger und nach einer anstrengenden Unterrichtsstunde oder einem Seminar stehen alle auf, als die Professorin noch in den Raum hineinruft, dass die Einreichung des Hausarbeitsthemas nächste Woche fällig ist. Dann wirst du wahrscheinlich keine Energie dazu haben, deinen Kalender wieder auszupacken, um das Datum zu notieren. Stell dir vor, wie viele Schritte nötig sind, in einem Kalender alles an dem richtigen Tag einzutragen. Schön wäre es, wenn das problemlos ginge, denn dann könntest du den Termin aus deinen Gedanken verbannen, da du ja wüsstest , dass du ihn zuverlässig im Kalender eingetragen hast. Doch das ist unrealistisch. Und es widerspricht unserem eigentlichen Kriterium, dass unser Zeitmanagement nur wenige Minuten täglich in Anspruch nehmen soll.

Darin liegt der Charme der »Nicht-vergessen-Spalte« deiner Liste. Während eines hektischen Tages kannst du gar nicht ernsthaft alles zeitlich planen. Doch einen Zettel aus der Tasche zu holen und schnell die Stichworte »Ethnologie Hausarbeit Thema« draufzukritzeln braucht nur minimal Energie, kaum Hirnschmalz und so gut wie keine Zeit. An diesem Punkt brauchst du dir noch keine Gedanken zu machen, wann du mit dieser Hausarbeit anfängst, was du bedenken musst und wie lange du dafür brauchen wirst. Du musst einfach nur drei Worte aufschreiben.

Dabei ist es wichtig, dass du auf diese Liste vertraust. Du kannst dich darauf verlassen, dass du am folgenden Tag, wenn du das Zeitmanagement vornimmst, alles Wichtige auf dieser Liste stehen hast und die nötigen Einträge in deinem Kalender machst. Aufgrund deiner Liste geht der Abgabetermin nicht verloren, du trägst ihn in deinen Kalender zu Hause ein.

Wiedereinstieg nach einer Pause

Bis heute habe ich noch kein Zeitmanagementsystem länger als zwei Monate ohne Unterbrechung angewendet. Ich gebe mein Bestes, aber irgendwann wird es dann schwierig. Das passiert meistens nach einer Phase, in der ich wirklich viel um die Ohren hatte. Danach bin ich dann so erschöpft, dass ich das Wort »Aufgabe« nicht sagen kann, ohne gleich in kalten Schweiß auszubrechen. Jedem geht das so, und auch dir wird es hin und wieder so ergehen. Keine Sorge – davor brauchst du keine Angst zu haben, und wenn du ein paar Wochen lang weder deine Liste noch deinen Kalender pflegst, bist du noch lange kein Loser. Das ist normal.

Wichtig ist aber, dass diese Unterbrechungen wirklich nur vorübergehend sind. Nach ein paar Tagen, in denen ich meinen Kalender links liegen gelassen habe, wächst mein Unwohlsein stets, weil mir so viele

Termine im Kopf herumschwirren. Bevor ich es mich versehe, bin ich wieder dabei und pflege den Kalender, ohne Schaden zu nehmen. Und dasselbe gilt für dich. Sobald du das Gefühl kennengelernt hast, gut organisiert zu sein, wirst du es über längere Zeit nicht missen wollen.

Glücklicherweise verschmerzt das hier beschriebene Zeitmanagementsystem solche Durststrecken, in denen du es nicht pflegst. Wenn du ein paar Tage auslässt, notierst du dir einfach alle Aufgaben und Termine auf ein Blatt Papier und trägst sie später in deinen Kalender ein.

Fallbeispiel: Ein Montag mit Stephen

Selbst die einfachste Methode kann auf den ersten Blick kompliziert aussehen. Daher zeige ich dir an einem kurzen Fallbeispiel, wie sie im Alltag angewendet wird. Stephens Geschichte basiert auf meinen eigenen Erfahrungen im College und auf denen vieler Interviewpartner. Solltest du bereits an der Uni studieren, klingt das alles vielleicht schon vertraut. Gehst du noch zur Schule, in die Berufsschule oder fängst gerade an zu studieren – keine Panik!

Ja, Stephen muss ziemlich viele Dinge erledigen. Aber wie du siehst, verwendet er unser System, um keine seiner Aufgaben aus den Augen zu verlieren. Auch wenn er nicht jeden Tag alles erledigen kann, hat er doch das Gefühl, jeder seiner Verpflichtungen nachzukommen. Wenn du dir nun dieses Beispiel durchliest, versuche dir vorzustellen, wie Stephens Stresspegel steigen und er noch weniger schaffen würde, wenn er seine Liste und seinen Kalender nicht hätte. Beide bieten einen Wegweiser, wie er vorgehen sollte und verzeichnen immer seine Aufgaben und neue Termine, sobald Stephen von ihnen erfährt.

Montagmorgen

Stephen steht früh auf, denn sein erstes Seminar beginnt um 9.15 Uhr – einfach schrecklich. Er greift sich seinen Kalender vom Tisch und sucht in seiner Tasche nach dem Blatt Papier, das er gestern als Liste benutzt hat. Er muss bald los, aber das ist okay, denn unser System braucht nur wenig Zeit.

Abbildung 2 zeigt, was er gestern in der »Nicht-vergessen-Spalte« eingetragen hat.

Montag,11.03.07 **Heute**
• Für Dienstag Staatslehre zu Ende lesen
• Papa Geburtstagsgeschenk
• Erste Recherche für Staatslehre-Hausarbeit – Bücher zusammensuchen, relevante Kapitel kopieren
• Handyrechnung bezahlen
• CD an Mark zurückgeben
• BWL-Aufgabe anfangen (Abgabe Mittwoch)
• Themenvorschlag für Ethnologie (Abgabe morgen)
• 5 Kapitel Ethnologie lesen (Nachholen für Test am Freitag)
• 19 Uhr Essen mit den Jungs im Molly's
• Schlecht geplante Mottoparty

Abb. 2 Stephens Kalendereintrag, Montag, 11.03.07

Hierbei fallen gleich einige Punkte auf. Erstens hat Stephen sich viel Arbeit für heute notiert. In zwölf Stunden wird er nicht alles bewältigen können und auf andere Tage im Kalender verteilen müssen. Schauen wir uns außerdem den Kalendereintrag vom Sonntag an.

Sonntag, 10.03.07	
Heute	**Nicht vergessen**
~~13–15 Beitrag für Ethnologie lesen~~	zu Hause anrufen
~~15–18 Hausarbeit Staatslehre schreiben~~	Semesterferien-Praktika recherchieren
~~19–20 Essen mit Sarah~~	Übungsplan für Gitarre aufstellen?
~~21–22 Hausarbeit Staatslehre überarbeiten~~	
22–23 Buch Staatslehre für Seminar am Dienstag anfangen	

Abb. 3 Stephens Liste von Sonntag

Das ist typisch: Nach einer langen Nacht fängt er erst mittags an, was dazu führt, dass er sich für den Tag zu viel vorgenommen hat. Stephen hatte sich zu ehrgeizige Ziele gesetzt und war um 22 Uhr müde vom Schreiben an der Hausarbeit, sodass er den letzten Punkt nicht abgearbeitet hat, das Buch über Staatslehre anzufangen hat er nicht mehr geschafft. Deshalb wird es auf Montag übertragen. Außerdem fällt auf, dass Stephen sich in der »Nicht-vergessen-Spalte« einige Dinge notiert hat, die über einen längeren Zeitraum gehen, den Übungsplan etwa. Das ist eine tolle Möglichkeit, die Liste einzusetzen. Wenn man sich die Ideen für persönliche Projekte oder die Freizeit ebenfalls gleich aufschreibt, gehen sie nicht verloren und man kann sie in den Kalender eintragen, um sie erst später umzusetzen.

Schauen wir uns nun an, wie Stephen seine Aufgaben in den Griff bekommt, bevor er zur Uni los muss.

Womit fängt Stephen an?

Als Erstes legt Stephen Zeiten für seine aktuellen Aufgaben fest, damit er abschätzen kann, wie viel er tatsächlich am Montag schafft. Sowohl auf seiner Aufgabenliste für Montag als auch auf der Resteliste von Sonntag sind viele Verpflichtungen. Seine Strategie ist einfach: Er fängt mit der wichtigsten Aufgabe an, versieht sie mit seinem Zeitrahmen und arbeitet sich nach Priorität voran, bis sein Tag voll ist. Die Aufgaben, die übrigbleiben, verschiebt er auf andere Tage. Um allerdings einen geeigneten Zeitrahmen für jede Aufgabe zu finden, muss er zunächst einmal feststellen, wie viel freie Zeit er am Montag hat. Im Kopf geht Stephen seinen Tagesplan durch:

> *Ich habe Seminar von* ***9.15*** *bis* ***10.45 Uhr*** *und von* ***11.15*** *bis* ***12.45 Uhr****. Zwischen dem Abendessen um* ***19 Uhr*** *und der Verabredung hinterher ist es unwahrscheinlich, dass ich noch etwas schaffe. Außerdem muss ich noch eine oder zwei Stunden vor dem Essen im Fitness-Studio einschieben (die Sommersaison naht). Ich sollte also versuchen, gegen* ***17 Uhr*** *mit allem fertig zu sein.*

Stephen hat jetzt kalkuliert, wie viel Zeit er noch am Tag frei hat. Damit kann er jetzt seine Aufgaben mit Zeitfenstern versehen. Er überlegt sich Folgendes:

> *Zwischen* ***10.45*** *und* ***11.15 Uhr*** *kann ich meine drei kleinen Erledigungen einschieben: Handyrechnung bezahlen, für Dad ein Geburtstagsgeschenk kaufen und Mark seine CD zurückgeben. Nach meinem zweiten Seminar muss ich etwas essen, aber danach sollte ich sofort mit der Lektüre für Staatslehre anfangen, weil wir das Buch morgen im Seminar besprechen. Mal gucken, ich muss drei Artikel für*

Staatslehre lesen. Das nimmt realistisch zwei Stunden in Anspruch. Ich setze es mir für zwischen ***13*** *und* ***15 Uhr*** *auf die Liste. Hmmm. Das könnte knapp werden. Außerdem muss ich mit den Aufgaben für BWL anfangen, weil die echt nerven, und die muss ich Mittwochmorgen abgeben. Das mache ich dann zwischen* ***15*** *und* ***16.30 Uhr****. Okay, dann bleibt mir nur noch eine halbe Stunde übrig. Was muss ich sonst noch machen? Morgen muss ich meine Hausaufgabe in Ethnologie abgeben, den Rest muss ich also zwischen* ***16.30*** *und* ***17 Uhr*** *schreiben. Für mehr habe ich keine Zeit.*

An diesem Punkt ist Stephen fast fertig, er muss nur noch die Aufgaben, für die er am Montag keine Zeit hat, auf andere Tage in seinem Kalender verschieben. Nicht vergessen: Dazu gehören sowohl die Aufgaben ohne feste Zeit für heute und die Punkte aus der »Nicht-vergessen-Spalte« vom Vortag.

Von gestern sind noch aus der »Nicht-vergessen-Spalte« übrig, dass ich zu Hause anrufen sollte. Diese Woche ist schon so voll … Okay, ich notiere mir das für ***Freitag****, dann bin ich entspannter. Für die beiden anderen Sachen, mich um einen Praktikumsplatz zu kümmern und mir einen Übungsplan für Gitarre zu überlegen, habe ich im Moment keine Zeit. Ich notiere sie für das* ***erste Wochenende nach den Zwischenprüfungen****. Dann habe ich sicherlich mehr Zeit. Okay, was ist noch? Die nicht weiter gekennzeichneten Aufgaben im Kalender von heute. Kein Problem, ich verschiebe das Lesen der Ethnologie-Texte auf* ***morgen*** *und die Recherche für die Staatslehre-Hausarbeit auf* ***Mittwoch****. Das kann ich machen, nachdem ich meine BWL-Aufgaben abgegeben habe. Fertig!*

Das war's. Stephen hat für den heutigen Tag alle wichtigen Punkte in seinem Zeitmanagement berücksichtigt. Bevor er sich auf den Weg zur Uni macht, reißt er noch eine Seite aus seinem College-Block heraus, um die Aufgaben für heute und die »Nicht-vergessen-Liste« zu notieren. Abbildung 4 stellt dar, wie Stephens Liste für Montag aussieht, bevor er aus der Tür stürmt.

Montag, 11.03.05	
Heute	**Nicht vergessen**
9.15–10.45 Seminar	
10.45–11.15 Geburtstagsgeschenk für Dad, Handyrechnung bezahlen, CD zurück an Mark	
11.15–12.45 Seminar	
13–14 Mittagspause	
14–15 Staatslehre-Texte lesen	
15–16.30 BWL-Aufgaben anfangen	
16.30–17 Thema für Ethnologie-Hausarbeit auswählen	
17–19 Trainieren	
19 Abendessen und anschließend unvermeidbare Blamage auf der Kostümparty (ordentlich Muskeln zeigen nicht vergessen!)	

Abb. 4 Stephens Liste am Montagmorgen

Der oben beschriebene Vorgang sollte nicht länger als drei oder fünf Minuten dauern. Je häufiger du dieses System anwendest, desto leichter fällt es dir. Bevor du dich versiehst, gehört die Aktualisierung deines Kalenders und der Liste so zum Alltag wie morgens das Duschen. Denk dran, das sind die einzigen Minuten, die Stephen heute mit Zeitplanung verbringen muss. Nun kann er in seinen Montag starten, ohne sich Sorgen zu machen, dass er etwas vergessen oder einen Abgabetermin übersehen hat. Er weiß, dass er alle Aufgaben, die er erledigen muss, berücksichtigt hat und dass er sich zu gegebener Zeit um sie kümmert. Er ist in seiner Planung flexibel, darauf kann er vertrauen.

Schauen wir mal, wie sich Stephen durchschlägt ...

Am Montag

Der Tag lässt sich ganz gut an. Stephen erledigt sogar die Kleinigkeiten in der Pause zwischen den Seminaren. In seinem zweiten Seminar fällt ihm plötzlich ein, dass er dringend Bücher zurück zur Bücherei bringen muss. Kein Problem. Er zückt seine Liste aus dem Rucksack und notiert in der »Nicht-Vergessen-Spalte«: »Bücher zurückbringen«. Kurz danach kündigt die Professorin den Termin der Zwischenprüfung an – noch etwas, woran er denken muss. Kein Problem für Stephen, er notiert sich: »Staatslehre Zwischenprüfung am 5. April, 15 Uhr«. Nach dem Seminar geht er selbstbewusst hinaus, denn er weiß, dass er diese Eintragungen am Morgen des folgenden Tages in seinem Kalender machen wird.

Nach dem Mittag geht Stephen in die Bibliothek, um sich an die Lektüre für Staatslehre zu machen. Die Artikel, die er lesen muss, sind gar nicht so lang wie geglaubt, daher ist er schon um **14.30 Uhr** fertig, was super ist.

Als er aus der Bibliothek kommt, trifft er zufällig einen Freund, der ihn überredet, mit ihm in ein Elektronikkaufhaus zu kommen. Um bei der Wahrheit zu bleiben: Da muss er nicht lange überredet werden. Aus irgendeinem unerklärlichen Grund lieben Studenten den Besuch solcher Kaufhäuser.

Nach diesem (wirklich unvermeidlichen) Umweg ist Stephen um **15.30 Uhr** zurück auf dem Campus, und nun hinkt er hinter seinem Zeitplan her. Als er kurz seine E-Mails checkt, sieht Stephen, dass eine

Kommilitonin ihn gefragt hat, ob er um 16 Uhr nicht bei einer Lerngruppe für BWL mitmachen möchte. Stephen kann ganz flexibel darauf reagieren. Er wirft den Plan für heute um, indem er sofort an der Themensuche für Ethnologie arbeitet, sodass er ab 16 Uhr die BWL-Aufgaben mit der Gruppe, von deren Existenz er gerade erst erfahren hat, lösen kann. Einer der großen Vorteile dieses Systems ist eine Flexibilität. Kein Tag wird so ablaufen wie geplant, aber mit dieser Methode fällt es dir leicht, nach einer Ablenkung wieder zurück aufs Gleis zu kommen. In Abbildung 5 findest du die aktualisierte Liste von Stephen.

Montag, 11.03.07	
Heute	**nicht vergessen**
~~9.15–10.45 Seminar~~	Bücher zurückbringen
~~10.45–11.15 Geburtstagsgeschenk für Dad, Handyrechnung bezahlen, CD zurück an Mark~~	Zwischenprüfung Staatslehre 5.04., 15 Uhr
~~11.15–12.45 Seminar~~	
~~13–14 Mittagspause~~	
~~14–15 Staatslehre Texte lesen~~	
15.30–16 Thema für Ethnologie-Hausarbeit auswählen	
16–17 BWL-Aufgaben in Arbeitsgruppe	
17–19 Trainieren	
19 Abendessen und anschließend unvermeidbare Blamage auf der Kostümparty (ordentlich Muskeln zeigen nicht vergessen!)	

Abb. 5 Stephens Liste Montagnachmittag

Mit Ethnologie kommt er gut voran, er findet ein Thema, das ihm gefällt, gleich danach geht er zur BWL-Arbeitsgruppe. Während des Treffens einigt man sich auf einen neuen Termin am Dienstagmorgen, um die letzten Aufgaben zu lösen. Deshalb notiert Stephen in der »Nicht-vergessen-Spalte« kurz »BWL-AG Dienstag 10 Uhr«. Danach macht er sich auf ins Fitness-Studio. Für heute ist die Arbeit erledigt.

Die Folgen

Weil Stephen tagsüber eine ganze Menge erledigt hat, kann er sich abends auf das Treffen mit Freunden freuen und sich wirklich entspannen. Darüber hinaus hat er es geschafft, alle neuen Termine und Aufgaben, die den Tag über aufgekommen sind, zu notieren, sodass sie ihm nicht im Kopf herumschwirren und ihn stressen. Stattdessen sind sie sicher dokumentiert und er wird sich um diese neuen Punkte kümmern, wenn es soweit ist. Das Wichtigste ist, dass er nur während der fünf Minuten, die er am Morgen mit der Terminierung verbrachte, und bei der schnellen Umplanung am Nachmittag explizit über Zeitmanagement nachdenken musste, sich ansonsten aber nicht weiter damit abzumühen hatte.

Wie schon zu Beginn dieses Fallbeispiels vorgeschlagen, versetze dich für einen Moment an Stephens Stelle. Wie wäre der Tag verlaufen ohne dieses einfache Zeitmanagementsystem? Wie wäre es gewesen, wenn er es so gemacht hätte, wie die meisten Studierenden, indem er immer versucht hätte, alles im Kopf zu behalten? Dabei wäre es recht unwahrscheinlich gewesen, dass er auch an die kleinen Aufgaben – die CD seinem Freund zurückgeben, ein Geburtstagsgeschenk kaufen, die Rechnung bezahlen – gedacht hätte. Ohne einen Zeitplan erledigt man keine kleineren Pflichten, es sei denn, sie sind unbedingt notwendig. Sehr wahrscheinlich hätte er auch vergessen, ein Thema für Ethnologie auszuwählen, weil er diese spontane Einladung zu der BWL-AG bekommen hatte.

Und wie steht es um die Gedächtnisstütze von Sonntag: zu Hause anrufen, sich um einen Praktikumsplatz kümmern, einen Übungsplan für Gitarre aufstellen? Aufgrund der kurz- und mittelfristigen Abgabetermine wäre ihm das wohl ganz entfallen. Ohne eine Methode, sich auch an solche Vorhaben zu erinnern, kann man von Stephen nicht erwarten, dass er sich langfristige Ziele merken kann.

Doch darüber hinaus hätte Stephen am Montag ohne dieses System kaum so viele Dinge erledigen können. Vermutlich hätte er sich für diesen Tag nur auf die Lektüre des Staatslehre-Kurses konzentriert, weil es die Aufgabe war, die er bis zum nächsten Tag erledigen musste. Ohne genauere Zeitangaben hätte Stephen nicht gewusst, wie viel freie Zeit er zur Verfügung hatte, und er hätte vermutlich erst später mit den Artikeln angefangen (denn die meisten Studierenden fangen nicht gern mit der Arbeit an, wenn sie noch einen großen Block Freizeit vor sich haben). Denke jedoch dran, dass seine Aufgabe mehrere Stunden in Anspruch nahm, das heißt, wenn Stephen sich erst am Nachmittag hingesetzt hätte, hätte er nichts anderes als diese Angelegenheit bis 17 Uhr erledigt. Vermutlich wären die BWL-Aufgabe und das Ethnologie-Thema unberücksichtigt geblieben. Stattdessen schaffte er es, sechs Aufgaben noch vor 17 Uhr zu erledigen und hatte so mehr Zeit für Sport und abendliche Gelage.

Wie wir in diesem Fallbeispiel gesehen haben, reichten fünf Minuten Zeitmanagement am Tag für Stephen aus, um viel produktiver und deutlich weniger gestresst zu sein. Und dasselbe gilt auch für dich. Mit anderen Worten: Fünf Minuten am Morgen und ein Stück Papier in deiner Tasche reichen aus, um dich von einem gestressten Studenten oder einer Schülerin, die sich mit ihren Aufgaben abquält, in eine organisierte, entspannte und zielorientierte Lernmaschine zu verwandeln.

Wenn du nur eine Sache aus diesem Buch mitnimmst, dann sollte es die Lehre aus diesem Fallbeispiel sein: Mit ein bisschen Organisation kann man ganz schön weit kommen.

Schritt 2
Krieg dem Aufschieben

In dem vorherigen Abschnitt habe ich eine einfache Methode für das Zeitmanagement vorgestellt, mit dem du deinen Tag auf intelligente Weise organisieren kannst. Das war der einfache Teil. Jeder kann sich fünf Minuten pro Tag Zeit nehmen, um herauszufinden, welche Aufgaben er zu erledigen hat. Die echte Herausforderung besteht jedoch darin, auch die Motivation zu haben, die jeweilige Aufgabe auch wirklich dann zu erledigen, wann man es vorgesehen hat. Ohne einigermaßen deine Zeitplanung kontrollieren zu können, kannst du weder entspannt noch erfolgreich lernen – gleichgültig, wie sehr du dir das vornimmst.

Wie man sich denken kann, habe ich bei den Interviews, die ich für dieses Buch geführt habe, mein Augenmerk besonders auf das Prokrastinieren, das Aufschieben, gelenkt. Jeder, der glatte Einsen bekommt, hat herausgefunden, wie man es schafft, die Arbeit dann zu erledigen, wenn sie getan werden muss. Also wollte ich herausfinden, wie man das schafft. Wie sich jedoch herausstellte, steckten die Antworten voller Überraschungen.

Ich habe meinen Interviewpartnern folgende Frage gestellt: »Wie schaffst du es, das Aufschieben zu bekämpfen?« Sobald ich die ersten Antworten bekam, wurde mir klar, dass da irgendetwas nicht stimmte. Ich erhielt Antworten, die ungefähr so lauteten:

»Ich tu es einfach nicht.«

»Selten.«

»Mache ich nicht.«

»Ich glaube nicht, dass das geht.«

Das waren nicht die Antworten, mit denen ich gerechnet hatte. Sie ergaben überhaupt keinen Sinn! Alles, was mir die Befragten über ihre Lernmethoden und ihre Techniken wissenschaftlichen Arbeitens erzählten, sprach dagegen, dass sie je etwas aufschoben. Warum also behaupteten sie, sie würden das Aufschieben nicht bekämpfen. Was war da los? Glücklicherweise führten die meisten ihre Antwort aus, und schließlich begriff ich, was sie meinten.

»Ich glaube nicht, dass man etwas aufzuschieben bekämpfen kann«, formulierte es Lee, ein Einserkandidat von der Columbia University. »Man muss einfach versuchen, so wenig wie möglich aufzuschieben.«

Ryan, Einserkandidat vom Dartmouth College, erklärte: »Echt, ich wehre mich nicht gegen das Aufschieben.« Aber dann fuhr er fort: »Oder jedenfalls glaube ich nicht, dass ich das tue ... Obwohl ich vermutlich nicht so schlecht abschneide, verglichen mit den meisten anderen.«

»Ich glaube nicht, dass ich es schaffe, gar nichts aufzuschieben«, meinte Christine, eine Einserkandidatin von der Harvard University. Doch dann ergänzte sie: »Aber ich habe Wege gefunden, den Schaden, den das unvermeidliche Aufschieben mit sich bringt, zu minimieren.«

Mit der Zeit konnte ich ein deutlicheres Bild davon gewinnen, wie diese Studierenden arbeiteten. Wenn die Einserkandidaten sagten: »Ich bekämpfe das Aufschieben nicht«, dann meint sie eigentlich: »Ich bekämpfe nicht den *Wunsch*, etwas aufzuschieben.« Und das wiederum ergibt Sinn. Um es einfacher auszudrücken: Es gibt einige Aufgaben, die sind einfach furchtbar, und natürlich willst du, so wie die von mir befragten Studierenden, furchtbare Pflichten aufschieben. Das lässt sich nicht leugnen. Daher ist das Ziel dieses Abschnitts nicht, dir zu erzählen, dass du alle Arbeit gern machen und nie wieder daran denken sollst, überhaupt etwas aufzuschieben, sondern stattdessen schlage ich einige zielgerichtete Strategien vor, diesem unvermeidlichen Drang *nicht nachzugeben*, wenn er auftritt. Es geht nicht darum, niemals mehr aufzuschieben, sondern das Prokrastinieren einzudämmen. Denn so vermeiden Einserkandidaten, dass der Wunsch aufzuschieben ihren Terminplan ins Wanken bringt. Sie verlassen sich nicht auf ihre Willensstärke und guten Vorsätze, sondern setzen einige sehr spezielle bewährte Regeln ein, die es ihnen erlauben, ihren natürlichen Drang zur Prokrastination zu umgehen. Aber natürlich sind auch diese (Berufs-)Schülerinnen und Studenten nicht perfekt und auch sie schieben hin und wieder Aufgaben ohne triftigen Grund einfach auf. Aber im Großen und Ganzen helfen ihnen ihre Strategien, effektiver an ihrem Lernplan dranzubleiben als ihre Kommilitonen – und genau das macht den Unterschied.

Im Folgenden stelle ich dir fünf Schlachtpläne gegen das Aufschieben vor, die ich direkt aus meinen Interviews mit den Studierenden gezogen habe. Diese Methoden sind keineswegs graue Theorie, sie werden eingehend von Studis genutzt, um jedes Mal aufs Neue gegen die Aufschieberitis vorzugehen. Vertraue auf sie. Setze sie sofort um. Mache sie dir zur Gewohnheit und das Ergebnis wird sofort sichtbar. Vielleicht kannst du dir die Neigung, Dinge aufzuschieben, nicht völlig abgewöhnen, und das ist auch okay so. Aber wenn du diese Strategien anwendest, wirst du zumindest die Angst los, dass du ihr jedes Mal nachgehen und Unangenehmes aufschieben wirst.

Schlachtplan gegen das Aufschieben #1: *Führe ein Arbeitslogbuch*

Wie lange ist es her, dass du etwas Wichtiges aufgeschoben hast? Vermutlich kannst du dich noch an die Wischiwaschi-Ausreden erinnern, die du angeführt hast, um nicht loszulegen. Zum Beispiel: »Leider habe ich nicht alle Materialien hier, um anfangen zu können. Aber morgen habe ich dann alles beisammen und kann loslegen«, oder: »Es ist schon spät und ich kann mich nicht mehr so gut konzentrieren, deshalb ist es Blödsinn, jetzt anzufangen. Ich warte lieber ab und fange morgen ausgeruht an.« Warum brauchen wir solche Ausreden? Warum sagen wir uns nicht einfach: »Das ist langweilig. Ich bin faul und ich mache es einfach nicht«, was viel näher an der Wahrheit liegt? Die Antwort lautet, dass dein Ego eine große Kraft ist. Wir schieben Dinge auf, aber wir wollen es uns selbst gegenüber nicht eingestehen. Daher denken wir uns Ausreden aus, um der Wahrheit nicht ins Gesicht sehen zu müssen.

Ein Arbeitslogbuch ist ein einfaches Instrument, das sich diese Tatsache zunutze macht. Es funktioniert folgendermaßen: Kauf dir ein billiges Notizbuch, und bewahre es dort auf, wo du deinen Kalender hast. Jeden Morgen, wenn du deinen Zeitplan erstellst, notiere in dein Notizbuch das Datum und die wichtigsten Aufgaben, die du an diesem Tag erledigen willst. Wenn du am Ende des Tages alle diese Aufgaben tatsächlich erledigt hast, schreibst du einfach: »alles erledigt«. Wenn das nicht der Fall ist, notierst du das auch und fügst den Grund dafür hinzu.

Das dauert nur eine Minute morgens und eine Minute am Abend, bevor du ins Bett gehst. Es ist so einfach, dass man sich schnell daran gewöhnen kann. Allerdings ist es verblüffend, wie schnell das Logbuch Erfolg bringt – nämlich sofort. Wenn es dort schwarz auf weiß steht, dass du eine Tätigkeit ohne vernünftigen Grund aufschiebst, versetzt es deinem Ego einen ordentlichen Schlag. Es ist viel einfacher, sich selbst *vorzumachen*, es gäbe gute Gründe, eine langweilige Arbeit nicht zu erledigen, aber wenn du gezwungen bist, dieselben lauen Ausflüchte *aufzuschreiben*, dann wird dein törichtes Verhalten offengelegt. Du kommst nicht länger mit dürftigen Erklärungen durch. Das wird noch augenfälliger, wenn du dieselbe Tätigkeit Tag für Tag aufschiebst. Wenn du siehst, wie all diese Ausreden dein Logbuch füllen, hast du keine andere Chance, als der Realität ins Gesicht zu sehen: Du bist faul! Dein Ego hört das gar nicht gerne, daher wird es deiner Motivation auf die Sprünge helfen, damit du nicht noch einmal eine Ausrede aufschreiben musst.

Dieses Logbuch ist auf gewisse Weise dein Antreiber, der neben dir steht und dir ins Ohr brüllt: »*Soldat, holen Sie mir ein Kopfkissen, ich glaube, ich träume! Habe ich gerade gesehen, wie Sie zögern, heute Nachmittag Ihr Referat zu beginnen? Ich weiiiiiiiß, dass Sie es nicht wagen, mir solch einen Scheiß zu präsentieren, während ich neben Ihnen stehe! Holen Sie jetzt endlich Ihre Mitschrift heraus und sehen Sie zu, dass Sie zu arbeiten anfangen, bevor ich Sie dazu auffordere, Ihre Faulheit schwarz auf weiß dort zu dokumentieren, wo es jeder sehen kann!*«

Viele Studierende, mich eingeschlossen, pflegen dieses Logbuch nicht immer, aber in besonders arbeitsreichen Phasen ist es eine echte Hilfe. Beispielsweise war mein Arbeitslogbuch die treibende Kraft, dass ich mein letztes Semester geschafft habe, in dem ich noch Seminare besuchen musste, mich für Graduiertenstudien bewarb und mein erstes Buch schrieb. Andere berichten von großen Erfolgen, wenn sie sich auf Eignungstests für bestimmte Studiengänge vorbereiten, während sie ganz normal weiter zur Uni gehen. Einige gehen sogar so weit und verabreden sich mit einem Lernpartner oder einer Freundin, mit der sie am Ende jeder Woche den Fortschritt im Logbuch gegenseitig kontrollieren. Folgender Vorschlag stammt von Christine, Einserkandidatin von der Harvard University: »Wenn du zusammen mit einer Freundin in einem Seminar bist, kontrolliert euch gegenseitig.« Und selbst wenn du keinen Lernpartner findest, sind Freunde hilfreich, um in die Gänge zu kommen. »Es hilft schon, einfach den Mitbewohnern zu erzählen, was du erreichen willst, das schlechte Gewissen erledigt dann den Rest.«

Schlachtplan gegen das Aufschieben #2: *Füttere die Maschine*

Ein geringes Energielevel sorgt dafür, dass das Aufschieben leichter fällt. Die meisten kennen das: Das Hirn wird träge und man liest ganze Seiten, ohne sich auch nur an ein einziges Wort zu erinnern. Sinnvolle Notizen dabei zu machen wird zu einer Herkulesaufgabe.

Es ist kaum möglich, sich an den eigenen Zeitplan zu halten, wenn das Gehirn unter derartigen Bedingungen arbeiten soll. Entsprechend muss der Körper während langer Arbeitsphasen mit Energie versorgt werden, wenn er gute Leistung bringen soll. Stell dir dein Gehirn als Maschine vor. Wenn du gegen das Aufschieben ankämpfst, musst du diese Maschine mit Energie versorgen, um dich zu konzentrieren und den Kampf zu gewinnen. Ohne die nötige Wartung lässt sie dich im Stich.

Die Ernährungsregeln, um das meiste aus deinem Gehirn herauszuholen, sind einfach:

1. **Trink viel Wasser.** Hab deine Wasserflasche immer dabei. Wenn es bei euch in der Schule oder Uni einen Wasserspender gibt, such ihn regelmäßig auf. Einer meiner liebsten Studierorte hatte einen Wasserspender mit Mini-Papierbechern. Ich habe es mir zur Routine gemacht, alle 45 Minuten einen Ausflug zum Wasserspender zu machen und fünf dieser kleinen Becher zu trinken. Für mein Gehirn wirkte das Wunder, es arbeitete wie am Schnürchen und meine Energie hielt sich auf hohem Niveau. Dein Körper braucht Wasser, um zu funktionieren. Du hast mehr Energie und verfällst nicht darauf, aufgrund von Langweile etwas essen zu wollen. Außerdem bist du weniger schläfrig. Und mach dir keine Sorgen um die Kehrseite, so viel zu trinken. Wie Greta, eine Einserkandidatin vom Dartmouth College sagte: »Regelmäßig auf die Toilette zu müssen hält mich wach.«

2. **Kontrolliere deinen Koffeinkonsum.** Trink nicht mehr als ein koffeinhaltiges Getränk pro Stunde. Während eine Cola oder eine Tasse Kaffee deine Konzentration stärkt, führt zu viel Koffein in kurzer Zeit dazu, dass du nervös und unkonzentriert bist. Wenn du ein Kaffeetrinker bist, dann gönne dir einen starken Kaffee, um deinem Gehirn Starthilfe zu geben, aber dann trink in den nächsten ein oder zwei Stunden koffeinfreien Kaffee, Tee oder Wasser, bevor du dir wieder den nächsten Kick holst.
3. **Essen ist eine Energiequelle, kein Mittel, um dich glücklich zu machen.** Beim Lernen achte darauf, dass du etwas zu dir nimmst, das dich über längere Zeit mit Energie versorgt, etwa Gemüse, Obst, Vollkornprodukte, fettarme Proteine, Erdnüsse oder Müsliriegel aus naturbelassenen Inhaltsstoffen. Raffinierte Kohlehydrate wie Zucker oder Weißmehl geben dir zwar einen schnellen Energieschub, der aber gleich von einem Energieabsturz gefolgt wird – und von neuem Appetit. Versuche beim Lernen unbedingt, solche ungesunden Snacks zu vermeiden. Wenn du Regel Nr. 1 befolgst, wird das Trinken von Wasser deinen Appetit auf gewisse Sachen dämpfen und es dir erleichtern, dich für etwas Gesundes zu entscheiden.
4. **Lasse keine Mahlzeit aus.** Eine Kleinigkeit zwischendurch genügt nicht, um dein Gehirn langfristig mit Energie zu versorgen. Selbst an sehr hektischen Tagen versuche dich an die regelmäßigen Mahlzeiten zu halten. Wenn du das Frühstück auslässt und dich sofort zum Lernen hinsetzt oder das Mittagessen so weit in den Nachmittag schiebst, damit du noch diesen einen Text zu Ende lesen kannst, hast du größeren Hunger, und der lässt sich nicht mehr mit Snacks stillen. Hungrig und mit einem niedrigen Blutzuckerspiegel kann kein Mensch richtig lernen, die Konzentration lässt nach und damit steigt die Wahrscheinlichkeit, dass du eine Aufgabe aufschiebst. Also: Bitte regelmäßig essen. Wenn du nur wenig Zeit hast, mach die Pause kürzer. Hol dir in einer

ruhigeren Cafeteria ein belegtes Brötchen, setz dich alleine hin oder bring einen Teil deiner Mahlzeit mit zu deinem Studientisch (– dort, wo es erlaubt ist, Anm. d. Übers.). Aber lass nie eine Mahlzeit ganz ausfallen.

Schlachtplan gegen das Aufschieben #3: *Feier die schlimmsten Aufgaben*

Einige Aufgaben sind so schlimm, dass man schon allein bei dem Gedanken daran, anfangen zu müssen, Gänsehaut bekommt. Bei mir waren das Motivationsschreiben bei Uni-Bewerbungen. Andere zucken zusammen, wenn es darum geht, endlich die ersten Absätze einer größeren Hausarbeit zu formulieren, Bewerbungsanschreiben aufzusetzen oder mit der Lektüre eines immens dicken Buches über ein immens langweiliges Thema zu beginnen. (Dabei fällt mir ein besonders detaillierter Aufsatz über die verschiedenen Tonarten ein, die im antiken Zypern für die Erstellung von Gefäßen verwendet wurden, den ich an der Uni lesen musste.)

Man braucht besondere Nervenstärke, um diese Projekte nicht in der allerletzten Minute anzufangen. Aber das muss nicht sein. »Wenn ich etwas machen muss, das mir keinen Spaß macht, versuche ich, ein Event daraus zu machen«, erklärt Laura, Einserkandidatin, die am Dartmouth College studiert. Suche dir ein entlegenes Restaurant, Café oder einen Buchladen mit Café. Wenn diese Orte weiter von deinem normalen Lernort entfernt sind, hilft das. Nimm dir eine bestimmte Uhrzeit vor, dort mit der Arbeit zu beginnen. Wenn du kein Auto hast, lass dich dort absetzen und wieder abholen, nimm den Bus oder das Rad. Wichtig ist, einen Ort zu wählen, zu dem du etwas länger brauchst, um hinzukommen, damit du nicht der Versuchung erliegst, ihn sofort wieder zu verlassen. Erzähl möglichst vielen Leuten, wann du dort lernen wirst und wie schrecklich die Aufgabe ist, die du erledigen musst. Je mehr

Menschen von dieser Unternehmung wissen, desto schwerer fällt es dir, zu kneifen.

Sobald du in einer ganz neuen Umgebung und weg von der Uni bist, läuft deine Motivation auf Hochtouren, und du nimmst deine schreckliche Aufgabe sofort in Angriff, sobald du dich hingesetzt hast.

»Mir geht es so, dass eine neue Umgebung meinen Körper in einen Arbeitsmodus versetzt, so als ginge ich morgens ins Büro«, so Sean, Einserkandidat von der Yale University. Du hast einiges auf dich genommen, um an diesen ungewöhnlichen Ort zu kommen, und hier wirst du viel weniger abgelenkt sein. Die Schule oder die Uni ist weit weg und dasselbe gilt für deinen Freundeskreis, deinen Fernseher, das Studi-Zentrum und das Internet. Du sitzt alleine im öffentlichen Raum, nur unbekannte Menschen um dich herum, und wenn du nicht bald anfängst, werden sich die anderen fragen: *Wer ist diese seltsame Person, die allein am Tisch sitzt und ins Leere starrt? Ist sie obdachlos? Dreht sie gleich durch und erschießt uns alle? Was ist mir ihr los?*

»Es ist einfach komisch, nur dazusitzen und Leute anzustarren, deshalb nehme ich mir früher oder später doch meine Unterlagen hervor und fange zu lesen an«, berichtet Laura. Wie immer ist aller Anfang schwer. Aber sobald du beginnst, dich mit dem Thema auseinanderzusetzen, vergeht die Qual, und bald findest du dein Tempo. Bevor du es dich versiehst, ist deine Zeit um, und die furchterregende Aufgabe ist schon erledigt.

Schlachtplan gegen das Aufschieben #4: *Routine ist alles*

Jeden Tag steht etwas anderes an. Aber du solltest mindestens eine Stunde an jedem Arbeitstag finden, die du immer frei hast. Wenn du beispielsweise an der Uni ein Seminar in der Frühe hast, nimmst du die Stunde darauf frei. Oder wenn du später anfängst, lässt du dir die Stunde vor deinem ersten Seminar frei. Meistens sind es Zeiten am Morgen und am frühen Nachmittag, die sich leicht freischaufeln lassen. Am späten Nachmittag und abends ist die Gefahr größer, dass unvorhergesehene Dinge passieren, weil deine Freunde keinen Unterricht mehr haben und plötzlich bei dir vor der Tür stehen.

Sobald du herausgefunden hast, wann diese Stunde täglich ist, schütze sie und nutze sie, um immer die gleiche Tätigkeit auszuführen. Beispielsweise hältst du dir diese Stunde montags, mittwochs und freitags immer für dein Lesepensum für Geschichte frei. Die Stunde am Dienstag und Donnerstag reservierst du für die Übungen für Statistik. Der Grundgedanke ist, eine Routine zu etablieren, in der du zu festen Zeiten immer das Gleiche machst und mit der das scheibchenweise Arbeiten zur Gewohnheit wird. Dann musst du dich nicht mehr selber dazu zwingen, dich mit diesen Aufgaben zu beschäftigen.

»Ziemlich früh ist mir aufgefallen, dass man die schlimmste Seite von schlechten Angewohnheiten, nämlich ihre Hartnäckigkeit, auch im Positiven nutzen kann«, erklärt Simon, ein Einserkandidat von der Brown University. »Denn genauso schlecht wird man gute Angewohnheiten los [wenn man bestimmte Dinge immer zur selben Zeit in der Woche erledigt].«

Leider werden diese fünf Stunden pro Woche wohl kaum ausreichen, um alle anstehenden Arbeiten zu bewältigen (ach, wenn es doch nur so wäre!). Aber es sind fünf produktive Stunden, die du vorher nicht genutzt hast. Und was noch wichtiger ist: Mit der ersten Arbeitseinheit am Tag löst du eine Motivationslawine aus. Sobald du einen großen Arbeitsschritt erledigt hast, wird es dir viel leichter fallen, auch deine anderen Verpflichtungen anzugehen. Folge also Simons Rat und nutze diese gute Angewohnheit als Start in einen produktiven Tag.

Schlachtplan gegen das Aufschieben #5: *Trickse die harten Tage aus*

Harte Tage lassen sich im Lernbetrieb nicht vermeiden. Manchmal gibt es einfach mehr zu tun an einem einzigen Tag als sonst, da hilft auch kein ausgeklügelter Plan. An solchen Tagen müssen sich Freizeit und Freunde hinten anstellen. Der Einserkandidat Jeremy vom Dartmouth College beschreibt es so: »Manchmal schließe ich mich einen Tag lang einfach mit etwas Essen in meinem Raum ein und kämpf mich durch.« Harte Tage lassen sich nicht vermeiden, aber du kannst ihre negativen Auswirkungen kontrollieren.

Wenn dir am Horizont verschiedene Abgabetermine drohen, ist eines sicher: Harte Zeiten stehen vor der Tür. Aber hier ist das Geheimnis, um sie zu überstehen: Du kannst sie im Voraus planen. Warte nicht drauf, bis der Abgabetermin unmittelbar bevorsteht und du gar nicht anders kannst, als dich reinzuhängen. Bestimme stattdessen präventiv ein oder zwei »harte« Tage. Indem du sie bereits vorher festlegst, kannst du einige Tage dazwischen einplanen, damit du nicht 48 Stunden hintereinander durchbüffeln musst und nicht unvorbereitet von diesem plötzlichen Ausbruch an Intensität überrumpelt wirst. Plane direkt vor und nach diesen Tagen Freizeitaktivitäten ein, bei denen du gut entspannen kannst. Dann fallen dir diese Kampftage nicht mehr so schwer. Wie Jeremy erklärt: »Wenn ich den ganzen Samstag lerne, dann gehe ich am Abend aus und nehme mir den Sonntag frei.«

Darüber hinaus solltest du dich mental auf diese Tage vorbereiten. Lass deine Freunde wissen, an welchen Tagen du schwer zu erreichen sein wirst und hol dir von ihnen Ermutigung ab. Wenn alle wissen, dass du am Dienstag einen harten Tag hast, dann kniest du dich wahrscheinlich stärker in die Arbeit und erledigst deine Aufgaben. Schließlich wäre es ganz schön peinlich, die ganze Zeit von einem harten Tag zu reden, auf die Rücksicht und Ermutigung deiner Freunde zu hoffen und schließlich nachmittags immer noch in Unterwäsche vor dem Fernseher erwischt zu werden, während du deine Zehen als Alternative für die verloren gegangene Fernbedienung benutzt.

Gewöhne dir an, harte Tage proaktiv einzuplanen, das nimmt ihnen den Schrecken. Bist du gezwungen, gegen deinen Willen einen ganzen Tag an einer Marathonaufgabe zu sitzen, fühlst du dich ausgelaugt und mies. Aber wenn du dir selbst schon in der Woche zuvor diesen Tag ausgesucht hast, dann gibt dir dein Erfolg neuen Schwung. Schließlich hast du der Herausforderung ins Auge gesehen, dich darauf vorbereitet und sie überstanden. Diese Strategie ist eher psychologischer Natur, als dass sie dir Zeit einspart, aber sie wirkt Wunder. Wenn du selbst Herr oder Frau deines Lernplans bist, erfüllst du ihn mit höherer Wahrscheinlichkeit.

Schritt 3

Deine Wahl: Wann, wo und wie lange

Es sind die kleinen Dinge, die zählen. Und das gilt genauso fürs Lernen. Bevor wir uns um die Details kümmern, wie man Material sammelt und zusammenfasst, müssen wir zunächst einige grundlegenden Fragen klären: *Wann* am Tag ist die beste Zeit zum Lernen? *Wo* lernst du am besten? *Wie lang* solltest du dich hinsetzen, bevor du die erste Pause machst? Mit den richtigen Antworten auf diese Fragen wirst du produktiver und schaffst noch mehr in noch weniger Zeit. Mit den falschen Antworten wirst du langsamer und der Erfolg stellt sich später ein als nötig. Einserkandidaten beschäftigen sich meiner Erfahrung nach viel mit solchen Fragen. Sie wissen, dass scheinbar nebensächliche Details über Sieg und Niederlage beim Lernen entscheiden, und haben viel herumexperimentiert, um die effektivsten Strategien zu entwickeln. In diesem Kapitel stelle ich die Ergebnisse dieser Experimente vor und zeige dir, wie du drei entscheidende Aspekte für das Lernen umsetzen kannst.

FRAGE: Wann am Tag ist die beste Zeit zum Lernen?
ANTWORT: Fang früh an.

»Meistens mache ich einen Großteil direkt nach dem Unterricht oder zwischen den Kursen, das hängt von meinem Stundenplan ab«, erklärt Simon von der Brown University. »Ich versuche, nichts auf spät abends aufzuschieben.« Simons Plan berücksichtigt eine wichtige Tatsache: Am produktivsten bist du zwischen dem Aufwachen und dem Abendessen. In dieser Spanne solltest du so viel wegarbeiten wie möglich.

Das widerspricht häufig der Intuition und viele (Berufs-)Schüler und Studentinnen meinen, die beste Zeit zum Lernen sei abends. Woran liegt das? Schließlich ist vormittags und nachmittags am meisten los. Unterricht, Mittagessen und andere Sachen füllen diese Stunden, da bleibt nicht viel Zeit, um sich in Ruhe hinzusetzen und etwas wegzuschaffen. Auf der anderen Seite könnte man meinen, dass der Abend endlos Zeit zum ungestörten Arbeiten bietet, richtig? Nein, falsch!

Erst einmal ist der Abend nicht so lang wie du denkst. Bis du zu Abend gegessen hast, deine Unterlagen zusammengesucht hast und anfängst, hast du nur wenige Stunden, bis es zu spät ist und deine Konzentrationsfähigkeit deiner Müdigkeit nachgibt.

Und zweitens ist der Abend nicht so ungestört, wie du meinst. Abends ist Prime Time. Die Serie, die du noch unbedingt sehen musst, läuft abends, oder die laute Musik auf der Party deiner Nachbarn lenkt dich ab. Am Abend sind die meisten darauf aus, ihre Freunde zu treffen und auszugehen. Abends gehst du ins Kino oder auf Partys. Theatervorstellungen, Vorträge oder andere Events finden abends statt. Die Mitbewohner hocken in der Küche zusammen, tratschen und lenken einander einfach ab. Nur wenige von uns haben sich genügend Streberhaftigkeit erarbeitet, um solchen Versuchungen zu widerstehen – und das ist auch gar nicht nötig.

Außerdem fängt gegen Abend dein Körper an herunterzufahren. Nach einem langen anstrengenden Tag nähert er sich dem Schlafzustand an. Selbst bevor es richtig spät ist, wird die Energiemenge, die deinem Gehirn zur Verfügung steht, gedrosselt. Um 19 oder 20 Uhr kannst du dich nur noch wenig konzentrieren – wenn überhaupt noch.

Aus diesen Gründen solltest du das Arbeitspensum nach dem Abendessen minimieren. Auf der anderen Seite stimmt es natürlich, dass es tagsüber schwierig sein kann, Zeiten zum Arbeiten freizuschaufeln. Wie bereits erwähnt, gibt es vor- und nachmittags nur wenige Zeitabschnitte, in denen das ungehindert möglich ist. Aber keine Angst, wenn der Tag so zerhackt ist: Wenn du deine Unterlagen immer dabei hast, kannst du entstehende Lücken nutzen und arbeiten. »Ich nehme immer ein Buch mit für den Fall, dass plötzlich während einer anderen Tätigkeit ein bisschen Freizeit entsteht«, erzählt Wendy, Einserkandidatin vom Amherst College. Doris von der Harvard University sieht das ähnlich. Sie erzählt, dass sie zwischen Arbeitsgruppen und Unterricht jede 30- oder 45-Minuten-Pause dazu nutzt, etwas zu erledigen. Wenn du das beherzigst, wirst du dich wundern, wie viel Arbeit du noch in den hektischsten Tag quetschen kannst.

Der Trick liegt darin, effizient zu arbeiten. Wenn sich eine Lücke zwischen zwei Stunden auftut, begib dich sofort nach dem Unterricht in die Bibliothek oder an einen anderen Studienort, der sich in der Nähe der nächsten Unterrichtsstunde befindet. Auf dem Weg dorthin kannst du dich schon mental auf die anstehende Arbeit vorbereiten, sodass du gleich nach dem Hinsetzen startklar bist. Achte außerdem darauf, dass du dich möglichst nicht in der Nähe vom Café oder anderen öffentlichen Orten aufhältst. Es ist wichtig, die Denkweise, die zum Arbeiten gehört, von der der Freizeit zu trennen. Wenn du ständig in der Nähe eines Cafés oder des Studi-Zentrums herumhängst, ist die Gefahr viel größer, dass du abgelenkt wirst und eine potenziell produktive Arbeitsphase verschwendest, weil du lieber mit den anderen quatschen willst. Verwandele dich tagsüber in einen Geist. Wie ein akademischer Ninja huschst du von einem Lernversteck ins nächste. (Mehr Tipps zum Finden des richtigen Orts findest du unter der nächsten Frage: *Wo lerne ich am besten?)* Nichts deutet auf deine Existenz hin außer einer geheimnisvollen Spur erledigter Arbeit.

Doch es geht nicht darum, generell allen Begegnungen aus dem Weg zu gehen. Wenn du mit allem fertig bist, genieß deine Freizeit und hab Spaß! Feiere wie ein Dämon. Du verpasst kein wichtiges soziales Ereignis, nur weil du Klatschrunden zwischen den Seminaren vermeidest. Die interessanteren Begegnungen passieren am Abend, wenn alle mit dem Lernen durch sind. Nicht umsonst heißt es »work hard, play hard« – »arbeite konzentriert und feiere konzentriert« und nicht »arbeite irgendwie konzentriert und feiere irgendwie auch konzentriert«.

Abgesehen davon, dass du dich besser konzentrieren kannst und mit mehr Energie bei der Sache bist, wenn du morgens arbeitest, entzerrst du deinen Tagesplan und bist weniger gestresst. Eine Dreiviertelstunde lernen, zum nächsten Kurs rennen, dann wieder eine Stunde lang einen Text zu lesen, bevor es in die nächste Unterrichtseinheit geht, auf die weitere 45 Minuten lernen folgt, bevor man zum Mittagessen geht, ist weniger schrecklich als sich zweieinhalb Stunden am Stück hinzusetzen. So nutzt du die Zeit optimal, denn die meisten lassen diese Stunden an freier Zeit zwischen Unterrichtsstunden einfach verstreichen. Indem du diese zeitlichen Nischen nutzt, schaffst du mehr und hast abends mehr Freizeit, die du mit deinen Freunden verbringen kannst.

FRAGE: Wo sollte ich am besten lernen?
ANTWORT: Ganz allein.

Suche dir auf dem Campus oder in dem Unterrichtsgebäude einsame Ecken, in denen du abwechselnd lernen kannst. Gemeinschaftsräume oder die Cafeteria oder Mensa sind tabu. »Wenn man die Aufenthaltsräume betrachtet, hat man den Eindruck, dass niemand lernt

... und das stimmt auch«, findet Greta vom Dartmouth-College. Die Atmosphäre in Gruppenräumen fördert die Konzentration nicht gerade. Schau, ob du wenig besuchte Bibliotheken von anderen Fachbereichen findest, und setz dich an einen Arbeitsplatz ganz oben in den Magazinen oder unten im Keller. Halte immer die Augen offen nach dem nächsten tollen versteckten Lernort. Kleine Bücherhallen, ein Café oder die örtliche öffentliche Bibliothek sind allesamt potenzielle Goldminen der Konzentration.

Du brauchst aus zwei Gründen verschiedene Lernorte: Wenn du eine kurze Pause zwischen zwei Unterrichtseinheiten nutzen willst, solltest du die Wege kurz halten. Und ein Ortswechsel hält dich wach und vermindert die Gefahr auszubrennen. Diese Strategie verfolgt die Harvard-Studentin Doris: »Um meine Gedanken in Bewegung zu bringen, wechsele ich regelmäßig zwischen verschiedenen Orten.«

Dass diese Orte isoliert liegen sollten, ist natürlich wichtig, um dich nicht abzulenken. Der kleine Aufschiebeteufel, der dir vielleicht auf der Schulter sitzt, kann seine Argumente sehr gut verkaufen, und sobald sich eine Alternative zum Lernen bietet, schlägt er los. Um dem zu entgehen, schick ihn in die Einzelzelle. Lass ihn nicht in die Nähe deines Sofas, der hübschen Mädels, die gerade draußen Frisbee spielen, oder deiner Freunde, die sich zum Kaffee treffen. Wenn du dich zum Lernen von der Außenwelt abschottest, stehen die Chancen gut, dass du die nötigen Arbeiten erledigst und außerdem aufgrund deiner besseren Konzentration schneller mit ihnen fertig bist.

Einige Studis sind der Meinung, dass eine völlige Isolation ein bisschen übertrieben ist. Vielleicht hört es sich kitschig an, aber wenn du dich hinter deinen Büchern vergräbst, bekommt deine Arbeit eine andere Wertigkeit. Man stellt sich den ernst dreinblickenden Offizier vor, wie er sagt: »Wir zählen auf Sie ... viel Glück«, wenn du dich auf den Weg in die Bibliothek machst. Aber wenn du dich auf deinem Sofa mit deinen Büchern lümmelst, während deine Mitbewohnerin danebensitzt und Schwierigkeiten beim Gitarre üben hat, fehlt diese Ernsthaftigkeit.

Christine von der Harvard University stellt trocken fest: »Lernen im Bett hat noch nie geklappt.«

Diese Überlegungen sind alles andere als banal. Wenn es um Lernerfolg geht, sollte man den psychologischen Aspekt nicht unterschätzen. Fast jeder der Einserkandidaten, die ich für dieses Buch befragt habe, ging zum Lernen mehr oder minder in Isolation. Manche gingen sogar so weit, dass sie Ohrstöpsel trugen oder ans andere Ende der Stadt fuhren, um einer möglichen Ablenkung zu entgehen. Sie hatten erfasst, welchen Einfluss die Umgebung auf die Konzentration hat – und das solltest du auch tun.

FRAGE: Wie lange soll ich lernen?
ANTWORT: Nicht länger als eine Stunde, dann mach eine Pause.

Diese Pause braucht nicht länger als fünf oder zehn Minuten zu sein, aber es ist wichtig, dass dein Gehirn verschnaufen kann. Du solltest dich in dieser Unterbrechung auf etwas konzentrieren, das nichts mit deinen Aufgaben zu tun hat, mit denen du dich gerade vor der Pause beschäftigt hast. Lies einen Zeitungsartikel oder schreib ein paar E-Mails. Das reicht schon. Es geht nur darum, deinem Kopf eine Entspannungspause zu gönnen, damit er einen neuen Aspekt oder eine andere Herangehensweise findet, wenn du dich wieder an die Arbeit machst. Einige Studenten brachten einen Roman oder eine Zeitung mit und lasen in jeder Pause ein Kapitel oder einen Artikel. Andere suchten sich eine Tagesaufgabe aus – zum Beispiel das Schreiben einer langen E-Mail an einen Freund, den sie schon ewig nicht mehr getroffen hatten, oder das Erstellen einer Liste für den nächsten Urlaub. Und in jeder Pause konnten sie ein bisschen daran weiterarbeiten.

Selbst wenn du gerade gut im Flow bist, gönn dir regelmäßig Pausen. Auf lange Sicht erhalten sie das Energieniveau, und du behältst

Gelerntes besser. Dazu meint Laura vom Dartmouth-College: »Auf alle Fälle schaffe ich mehr, wenn ich regelmäßig Pausen einlege, als wenn ich einfach stur durcharbeiten würde.«

Warum funktionieren Pausen so gut? Ich bin mir da auch nicht so sicher. Einigen Neurowissenschaftlern zufolge haben Zeitabschnitte von 50 Minuten Länge genau das Maß, in dem das Hirn das Gelernte maximal aufnehmen kann. Auf der Webseite des OPWF Center of Academic Support and Advancement heißt es: »Studien belegen, dass Sie in Phasen von 40 oder 50 Minuten das Gelernte am besten speichern können. Nach ungefähr 40 Minuten sollten Sie eine kurze Pause (5 Minuten) einplanen und danach weitermachen. Ohne eine Pause sinkt das Erinnerungsvermögen nach 2 Stunden auf 30 %.« Aber wir brauchen uns mit wissenschaftlichen Einzelheiten nicht länger aufhalten. Ich empfehle diese Zeiteinteilung hauptsächlich, weil die meisten der Befragten einem vergleichbaren Rhythmus folgten. Auf die Frage, wie lange eine normale Lernsitzung bei ihnen dauern würde, antworteten die meisten mit einer Zeitspanne, die zwischen einer halben und einer Stunde lag.

»Nicht länger als eine Stunde«, gab Chris an.

»Eine Stunde, dann stehe ich auf und mache eine Weile etwas anderes«, antwortete Melanie.

»Ungefähr 40 Minuten bis eine Stunde«, sagte Ryan.

»Eine Stunde lernen, 15 Minuten Pause«, lautete Lydias Angabe.

»Eine oder eineinhalb Stunden, dann würde ich immer eine Pause machen«, riet Lacey.

Und die Liste lässt sich beliebig fortsetzen – jede Antwort enthüllte eine ähnliche Strategie. Der Punkt hierbei sollte klar sein: Mithilfe der Trial-and-Error-Methode haben Dutzende Einserkandidaten voneinander unabhängig dieselbe Technik entwickelt – eine Stunde lernen, dann eine Pause machen. Und dieser Technik solltest du auch vertrauen.

Teil 1: Spickzettel

Schritt 1: Zeitmanagement in nur fünf Minuten täglich

- Notiere dir Aufgaben und Abgabetermine sofort, wenn sie sich ergeben.
- Übertrage jeden Morgen beides in deinen Kalender.
- Plane deinen Tagesablauf jeden Morgen, indem du allen Aufgaben eine realistische Zeitspanne zuweist und Aufgaben, die du nicht mehr schaffst, auf andere Tage verschiebst.

Schritt 2: Krieg dem Aufschieben

- Führe ein Arbeitslogbuch, in dem du dokumentierst, was du erreichen wolltest und ob es dir gelungen ist.
- Um ein maximales Energielevel zu erhalten, iss gesunde Snacks.
- Verwandele schlimme Aufgaben in ein großes Ereignis, um genügend Anschubenergie zu bekommen.
- Etabliere Arbeitsroutinen, um bei größeren Arbeiten regelmäßig Fortschritte zu machen, ohne die Motivation zu verlieren.
- Überlege dir vorher, wann du harte Arbeitstage einplanst, damit sie dich nicht so mitnehmen.

Schritt 3: Deine Wahl: Wann, wo und wie lange

- Versuche, so viel wie möglich tagsüber abzuarbeiten, und nutze die Pausen zwischen Unterrichtseinheiten und anderen Verpflichtungen.
- Ziehe dich zum Lernen zurück.
- Mache jede Stunde eine Pause.

Teil 2
Tests und Prüfungen

»Leute, die ihre Lernfertigkeiten trainieren, schaffen mehr in kürzerer Zeit.«

Rielle, *Einserkandidatin am College*

Die Wahrheit ist einfach: *Die meisten Studierenden und Schüler lernen schlecht.*

Das liegt eigentlich nicht an ihnen selbst. Wenn sie ihre Ausbildung anfangen, sind sie auf sich allein gestellt. Niemand nimmt sie zur Seite und erklärt ihnen, wie man effektiv lernt. Das tüfteln sie selbst aus, während sie sich durch das erste Semester oder das erste Ausbildungsjahr mogeln. Wenn beispielsweise eine Prüfung vor der Tür steht, holt der typische Studi seine Bücher und Aufzeichnungen hervor und schließt sich dann in die Bibliothek oder in sein Zimmer ein. Dann fängt er an, wahllos zu lesen und die Unterlagen durchzugehen, und versucht, so viel Material wie möglich in seinen Kopf zu bekommen. Die häufigen Pausen verbringt er mit einem Schwätzchen mit den Mitbewohnern oder mit E-Mails so lange, bis der Lernwille endgültig erloschen ist. Falls er oder sie besonders fleißig ist, legt sie vielleicht noch eine Nachtschicht ein. Sonst ist normalerweise um Mitternacht Schluss. Am nächsten Tag ist dann die Prüfung und der Studi kommt verschlafen in die Uni, völlig unwissend, welche Note am Ende dabei herauskommt. Hin und wieder bekommt er eine Eins minus, aber meistens muss er sich mit Zweien oder mitunter Dreien zufriedengeben.

Diese Vorgehensweise ist aus zwei Gründen schwierig. Erstens: das *Timing*. In Teil 1 habe ich den Begriff »Pseudo-Arbeit« für schmerzhafte Marathon-Lernsessions genutzt, die zu lange andauern und von geringem Einsatz und bleierner Müdigkeit geprägt sind. Um diesem Verhalten entgegenzuwirken, haben wir einige intelligente Zeitmanagementstrategien besprochen, mit denen du deine Arbeit in kleine, intensive Abschnitte aufteilen kannst.

Das zweite Problem, so zu arbeiten, besteht in der *Technik*. Wie oben dargestellt, verbringt der typische Student sein Studium mit Auswendiglernen. Er liest die Aufgaben und Notizen immer wieder. Dahinter steckt der Glaube, dass, wenn man nicht häufig genug dasselbe gelesen hat, man den Inhalt nicht lange genug im Kopf behält, um ihn in der Prüfung wiedergeben zu können. Und genau das ist das Problem: So zu lernen ist der reine Horror.

Zunächst einmal funktioniert das nicht. Auch wenn man viel Zeit mit einem Text verbringt, heißt das nicht, dass man seine Inhalte gut im Gedächtnis behält. Der Versuch, alle Texte, die im Unterricht besprochen worden sind, mechanisch immer wieder zu lesen, ist unglaublich wirkungslos. Und weil dasselbe immer wieder zu lesen so langweilig ist, ermüdet das Gehirn schnell. Sobald es abgeschaltet hat, kannst du das Erfassen komplizierter Argumentationslinien vergessen. Um auf diese Weise auch nur eine überschaubare Menge Information zu lernen, kostet absurd viele Stunden. Außerdem ist Auswendiglernen einfach eine Qual. Man kann es drehen und wenden, wie man will: Pauken ist öde, besonders wenn es gilt, sehr viel Lernmaterial zu verarbeiten.

Aber es gibt gute Nachrichten: Das muss so nicht sein. Bist du skeptisch? Folgende Zitate stammen aus meinen Interviews mit Einserkandidaten:

- »Ich lerne die Nächte nicht durch.«
- »Ich habe ziemlich viel freie Zeit.«
- »Mir ist ein Ausgleich wichtig.«
- »Ich habe jeden Tag echt viel Freizeit.«
- »[Zuerst habe ich echt viel gebüffelt], aber das letzte Jahr war für mich super.«
- »Im College habe ich relativ wenig Zeit für Hausaufgaben und Lernen aufgewendet.«
- »Ich erledige meine Aufgaben vormittags und dann habe ich reichlich Zeit für meine Sachen.«

Viele können diese Aussagen kaum glauben, denn sie widersprechen der gängigen Meinung: *Einserkandidaten müssen Streber sein*. Woher kommt diese Überzeugung? Matthew, Einserkandidat von der Brown University, hat folgende Erklärung: »Es *gibt* Leute, die tun nichts lieber, als zu büffeln.« Und diese Leute tun es meist sehr offensichtlich. Es sind diejenigen, die sich ständig darüber beschweren, wie viel sie lernen müssen. Sie vergleichen die Anzahl ihrer Lernstunden mit der ihrer Freunde und hängen den ganzen Tag in der Bibliothek herum. Wenn man immer solche Typen vor Augen hat, ist es kein Wunder, dass man glaubt, so muss es aussehen, wenn man akademischen Erfolg haben will.

Allerdings steckt auch noch etwas anderes hinter dieser weit verbreiteten Ansicht. **Viele (Berufs-)Schüler und Studentinnen glauben, stumpfes Auswendiglernen sei die einzige Art des Lernens.** Überleg mal einen Augenblick: Nehmen wir mal an, alle Lerntechniken sind gleich. Dann müssen alle Einserkandidaten automatisch Streber sein, die nur büffeln – anders geht es gar nicht. Zuvor haben wir gesehen, dass es unendlich viel Zeit kostet, durch bloßes wiederholtes Lesen eine gute Note zu bekommen. Daher müssten, wenn das der einzige Weg ist, eine gute Note zu erhalten, alle Einserkandidaten viel länger am Schreibtisch sitzen als die anderen.

Bevor ich zum nächsten Schritt komme, möchte ich eines klarstellen: Es gibt sehr viele verschiedene Arten zu lernen **(und stures Auswendiglernen gehört nicht zu den besten Methoden).** Sobald du dich von der Idee verabschiedest hast, dass alle Lerntechniken gleich gut sind, und begreifst, dass Lernen wie jede andere Fertigkeit ist – man kann sie gut oder schlecht machen –, ergibt auch die Prämisse dieses Buches Sinn. Einserkandidaten, die nicht die ganze Zeit büffeln, sind weder Naturphänomene noch Superhelden. Sie lernen einfach mit Methoden, die besser sind als Auswendiglernen.

Ich versuche es mit einer Analogie. Wenn Studieren oder Lernen so ist wie professioneller Basketball, dann werfen diejenigen, die mechanisch büffeln, den Ball mit beiden Händen aus Hüfthöhe heraus in den

Korb (»granny style« für die Basketball-Fans unter euch). Die nicht büffelnden Einserkandidaten hingegen haben herausgefunden, wie sie den Ball im Sprungwurf werfen können. Dabei ist es gleichgültig, wie häufig die Streber den Wurf »granny style« geübt haben und ob sie doppelt so lange mit Trainieren beschäftigt waren. Wenn es um die Wurst geht, dann landen die Einserkandidaten viel mehr Treffer. Die bessere Technik gewinnt über investierte Zeit.

In Teil 2 lernst du im Prinzip, wie du einen Sprungwurf in Schule und Uni hinlegst. Hier geht es um die praktischen Grundlagen für eine schlaue Prüfungsvorbereitung. Diese vielen kleinen Tricks haben die Einserkandidaten durch jahrelanges Ausprobieren verbessert. Vergiss alles, was du bisher über Prüfungsvorbereitung gelernt hast, und schau dir die folgenden Tipps einfach einmal an. Einige davon erschließen sich sofort, andere sind auch relativ offensichtlich und wieder andere werden dich überraschen. Doch denk dran, dass es sich hierbei nicht um irgendwelche Strategien handelt, die irgendjemand mal angewandt hat, und es sind definitiv auch keine abstrakten Theorien, die sich irgendein selbsternannter Experte ausgedacht hat. Hierbei handelt es sich um praxisnahe Techniken, die Einserkandidaten an US-Universitäten unter den erschwerten Bedingungen sehr hoher Ansprüche entwickelt haben. Wenn du diese praxiserprobten Fertigkeiten mit den Zeitmanagementtechniken aus Teil 1 kombinierst, wirst du in kürzerer Zeit mehr lernen und bessere Noten bekommen, als du dir vorstellen kannst.

Test versus Klausur

Die in Teil 2 beschriebenen Techniken funktionieren im Großen und Ganzen sowohl für Tests als auch für Klausuren. Doch bei Tests ist es nicht unbedingt nötig, genauso viel Zeit und Energie in die Vorbereitung zu stecken wie bei Klausuren oder Prüfungen (auch wenn es sicherlich nicht schaden wird).

Aber eins nach dem anderen. Es ist wichtig, zwischen Tests und Klausuren zu unterscheiden, auch wenn selbst die Lehrpersonen das nicht immer so ganz klar trennen.

Ein Test besteht in dem Abfragen von im Unterricht vermitteltem Wissen, ist kurz und hat keinen oder nur minimalen Einfluss auf deine Note. Er kann vorher angekündigt werden oder auch nicht.

Eine Klausur hingegen wird in der Regel angekündigt. Sie bestimmt weitestgehend deine Endnote, fragt vermitteltes Wissen ab und ist bei Weitem umfangreicher als ein Test. Bei einigen Klausuren dürfen auch Hilfsmittel verwendet werden (etwa Wörterbücher oder Nachschlagewerke).

Verbring nicht zu viel Zeit damit, dich auf einen Test vorzubereiten. Selbst wenn du mal bei einem durchfällst, wird das deine Endnote nicht groß nach unten ziehen. Und wenn du immer zum Unterricht gehst und regelmäßig die Hausaufgaben machst bzw. die erforderlichen Texte liest, solltest du in der Lage sein, mit mäßiger oder geringer Vorbereitung eine gute Note zu erzielen.

Für umfangreichere Tests solltest du die Tipps in diesem Abschnitt mehr oder weniger befolgen, aber dabei kannst du gern die Schritte 3 und 4 zum Thema Durchsicht von Texten überfliegen. Selbst wenn du nicht jedes einzelne Thema des Tests beherrschst, ist das auch okay. Wenn du die ein oder andere Frage nicht beantworten kannst, wird das deine Endnote nicht wesentlich beeinflussen. Doch wenn du einen kleinen Test wie eine Zwischenprüfung behandelst, dann lädst du dir zu viel auf. Tests dienen einer kurzen Kontrolle, es sind keine eingehenden Prüfungen, deshalb solltest du sie auch als solche behandeln.

Die einzige Ausnahme ist natürlich, wenn deine Note auf der Kippe steht. Wenn dein Abschluss gefährdet ist, weil du vielleicht in einer anderen Prüfung schlecht abgeschnitten hast, dann knie dich richtig rein. Wenn du alle folgenden Lerntechniken bis ins Letzte befolgst, dann schaffst du jeden Test mit links.

Schritt 1
Mach clevere Notizen

Das Wichtigste zuerst: Geh immer zum Seminar beziehungsweise zum Unterricht! Die Bedeutung dieser Regel kann ich nicht deutlich genug betonen. Dabei ist es vollkommen egal, ob der Unterricht auf einem hohen Berg um 6 Uhr morgens an einem Samstag stattfindet. Steh auf, zieh dich an, geh rechtzeitig los. Wenn du den Unterricht verpasst, »dann brauchst du doppelt so lange, den verpassten Stoff nachzuholen«, erklärt Lydia, Einserkandidatin vom Dartmouth College. Aus diesem Grund ist deine Anwesenheit so wichtig – nicht, weil Wissen Macht ist und weil deine Eltern es gern sehen würden, dass du am Unterricht teilnimmst. Anwesend zu sein spart dir einfach Zeit. Wenn du regelmäßig zum Kurs erscheinst, brauchst du wesentlich weniger Zeit, um gute Noten zu bekommen. Da gibt es keine zwei Meinungen: Selbst, wenn du müde, verkatert oder extrem gestresst bist, geh zum Unterricht.

Natürlich reicht das allein nicht aus. Um die Zeit, die du dich auf Prüfungen vorbereiten musst, zu reduzieren, musst du auf sinnvolle Art und Weise mitschreiben. Lass es dir gesagt sein: Mitschreiben ist eine

Kunst. Um sie zu erlernen, brauchst du den Rat von echten Experten. Und wer wüsste besser, wie man im Unterricht Notizen macht, als Einserkandidaten? Im Folgenden stelle ich ihre bewährten Techniken dar.

Was du brauchst

Als ich mit dem Studium begann, kam die Hälfte meiner Kommilitonen mit einem Laptop zur Uni. Zu meiner Examenszeit waren es ungefähr 95 Prozent der Studis. Während du das hier liest, sind es wahrscheinlich alle, denn der Laptop wird mehr oder weniger die Standardausrüstung von Lernenden sein. Laptops bieten einen riesigen Vorteil, wenn es um das Notieren von Dingen geht. Warum? David, ebenfalls Einserkandidat vom Dartmouth College, traf den Nagel auf den Kopf: »Nutze deinen Laptop. *Echt!* Es haut einen um, wie lesbar die Notizen sind, die du mitschreibst ... Nimm den Laptop, das ist eigentlich ein Selbstläufer.«

Selbst wenn es ein bisschen dämlich wirkt, bringen immer mehr Leute ihren Laptop mit in den Unterricht, und der Vorteil für das Lernen überwiegt ein paar schiefe Blicke von den anderen bei Weitem. Wie David schon sagte, kann man viel schneller tippen als mit der Hand schreiben, daher kannst du viel mehr Punkte detailliert erfassen. Dieser Punkt und die bessere Lesbarkeit erleichtern dir deutlich, dich auf Prüfungen vorzubereiten – und schon alleine das sollte dich überzeugen.

Wenn du über keinen Laptop verfügst, leg für jeden Kurs ein Heft oder einen Collegeblock an, und besorg dir einen Stift, mit dem du richtig gern schreibst. Versuche, deutlich zu schreiben. Einige fassen sogar ihre Notizen am Ende der Woche noch einmal zusammen. Als ich noch keinen Laptop besaß, habe ich das hin und wieder geschafft, und hinterher war ich darüber froh, denn das hat mir hinterher sehr viel Zeit bei den Prüfungsvorbereitungen gespart.

Natürlich gibt es eine Ausnahme von der Laptop-Regel: In den MINT-Fächern (Mathe, Informatik, Naturwissenschaft, Technik), wo es viel um Zahlen und Gleichungen geht, kann man gern mit Papier und Stift Notizen machen. Verfügt dein Textverarbeitungsprogramm über ein Gleichungsformat oder gelingt es dir, komplizierte mathematische Symbole auf andere Art darzustellen: super. Wenn du nicht zu diesen begnadeten Profis gehörst – mach dir nichts daraus und vergiss das Notebook. Im technischen Bereich ist der Unterschied zwischen handschriftlichen und getippten Notizen nicht so groß.

Darüber hinaus solltest du einen Hefter oder einen Ordner für jedes Fach anlegen. Alles, was im Unterricht verteilt wird, seien es Arbeitsblätter, Exzerpte, Gliederungen et cetera solltest du mit einem Datum versehen und in dem jeweiligen Ordner ablegen. Dasselbe gilt natürlich auch für Aufgabenblätter, die du wieder abgeben musst, sowie für Referate oder Erörterungen. In solch einem Ordner findest du alle Unterlagen sofort wieder, wenn es Zeit ist, sich mit ihnen zu befassen.

Einige der »Experten« raten dazu, unsinnigerweise die Dinge noch komplizierter zu machen: mit verschiedenfarbigen Stiften, besonders linierten Blöcken und speziellen Ordnern, die mit Einlagen versehen sind. Echte Einserkandidaten verzichten auf solch einen Quatsch. Wie Anna, eine Einserkandidatin vom Dartmouth College, so richtig anmerkt: »Vielen Studis ist es wichtig, dass ihre Notizen hübsch aussehen, darüber vergessen sie aber den Inhalt.« Schreib auf deinem Laptop mit und sammele alles andere in einem Ordner, das reicht völlig aus.

Mach clevere Notizen in den anderen Fächern (Welcher Gedanke steckt dahinter?)

Mit den »anderen Fächern« meine ich geistes- und sozialwissenschaftliche Fächer, die nicht zu den MINT- oder wirtschaftswissenschaftlichen Fächern gehören: (alte) Sprachen, Geschichte, Psychologie, Politik, Soziologie, Ethnologie oder Pädagogik – also alle Inhalte, in denen man (meist) keine mathematischen Formeln braucht. Das sind die Fächer, in denen man unglaublich viele Texte lesen muss und jemand würdig hinter einem Pult steht und doziert.

Der Weg zum Erfolg, um in diesen Fächern Einsen zu schreiben, ist schnell zusammengefasst: **Finde heraus, was der Grundgedanke hinter allem ist.** Denn eigentlich geht es in diesen Fächern nur darum. Prüfungsfragen in geistes- und sozialwissenschaftlichen Fächern drehen sich nur um diese eine: Was ist der Gedanke dahinter? Meist musst du in der Klausur den Grundgedanken erklären, ihn einer These gegenüberstellen oder ihn vor dem Hintergrund neuer Erkenntnisse neu bewerten. Wenn du in einem Kurs erkannt hast, was der oder die Grundgedanken sind, dann ist es nicht weiter schwierig, solche Fragen zu beantworten, und schon hast du eine gute Note sicher.

Wie man sich denken kann, werden diese grundlegenden Ideen meist in Vorlesungen präsentiert. Sie herauszufiltern ist allerdings leichter gesagt als getan. Lehrer und Professorinnen schweifen gern ab und sie beginnen die Stunde oder die Vorlesung kaum damit, mal kurz die speziellen großen Gedanken zusammenzufassen, um die es geht. Sie legen gleich los und überlassen es den armen (Berufs-)Schülerinnen und Studenten, die richtigen Schlüsse aus dem Wirrwarr der Exkurse zu ziehen.

»In jeder Stunde wird unglaublich viel überflüssiges Zeug erzählt«, erklärt Jeremy, Einserkandidat vom Dartmouth College. »Man muss lernen, das Wichtige von dem Unwichtigen zu unterscheiden.« Das ist schwierig, und deshalb machen die meisten Studenten in geistes- und sozialwissenschaftlichen Fächern keine guten Notizen, was große Auswirkungen aufs Lernen hat. Wenn du nicht schon beim Mitschreiben die Grundideen identifizierst, dann musst du das beim späteren Durchlesen deiner Notizen machen. Spoiler-Warnung: Wenn du nicht x Stunden Zeit für die Vorbereitung hast, wirst du das nicht schaffen, und eine gute Note ist dann reine Glückssache. Wenn die Prüfungsfragen zufällig diejenigen Ideen beinhalten, die dir bekannt vorkommen, dann kommst du vielleicht ganz gut damit durch, aber wenn es hauptsächlich um die Grundgedanken geht, von denen du noch nichts gehört hast, dann sieht es schlecht für dich aus.

Das gilt es natürlich zu vermeiden. Die Lösung besteht darin, herauszufinden, wie man schlau mitschreibt, sodass all die wichtigen Grundgedanken notiert und erklärt werden. Wenn du deine Aufzeichnungen später noch einmal durchgehst, brauchst du dann nicht mehr so viel Zeit. Kommen wir also gleich dazu, wie du dieses Ziel erreichen kannst.

Formatiere deine Notizen wie wild

Sobald der Kurs anfängt, notiere das Datum und den Titel der Stunde – wenn es einen gibt. Falls du einen Laptop benutzt, lege für jede Unterrichtsstunde ein neues Dokument an, das du mit dem Datum benennst. Das sicherst du in einen Ordner mit dem Namen des Fachs oder des Kurses. So findest du später alles wieder.

Was die Formatierung deiner Aufzeichnungen angeht, lautet die Grundregel, dass alles erlaubt ist, was es dir leichter macht, die Notizen später zu lesen. Da brauchst du dich an kein bestimmtes Schema zu halten. Scheue dich nicht, den Text wie wild zu formatieren, um wichtige Punkte hervorzuheben und Themen zu organisieren. Am Laptop kannst du das im Textverarbeitungsprogramm mit fetter Schrift und Listen machen. Benutzt du Papier und Stift, helfen Unterstreichungen, Einzüge, Kästen und Listen mit Aufzählungszeichen, um die Information zu strukturieren. Geht es um die Definition von Begriffen, mach sie fett. Notierst du eine Ausnahme von der letzte Aussage, beginne den Satz mit **»ALLERDINGS …«** Christine, Einserkandidatin von der Harvard University schlägt Folgendes vor: »Denk dir dein eigenes Steno aus – ›bes.‹ für ›besonders‹, ›D‹ für ›Deutschland‹ et cetera.« Lasse viele Zeilen frei, rücke ein, wie du willst, verändere die Schriftgröße, schreibe ganze Absätze in Großbuchstaben, wirf mit Sternchen um dich wie mit Kamelle – tob dich aus und mach alles, was dir dabei hilft, wichtige Konzepte klarer zu strukturieren.

»Deine Notizen sind nur für dich da, für dich allein«, ergänzt Lee, Einserkandidatin von der Columbia University. »Sie müssen sonst für niemanden verständlich sein.«

Strukturiere Grundideen nach Fragestellung/Beweis/Fazit

In den Geistes- und Sozialwissenschaften besteht die Herausforderung darin, zu entscheiden, *was* man aufschreiben sollte. Einige Studis und (Berufs-)Schüler versuchen, jedes Wort mitzuschreiben. *Tu das bitte nicht.* Doris, Einserkandidatin von der Harvard University, sagt: »Den besten Rat, den ich zum Thema Notizen geben kann, ist nicht zu versuchen, alles mitzuschreiben, was vorne gesagt wird. Das ist weder möglich noch produktiv.« Einfach formuliert: So schnell kannst du nicht schreiben, wie ein Mensch spricht! Und am Ende kostet es dich zu viel Energie, jedes Wort exakt mitzuschreiben, anstatt die Grundideen zu erkennen. Stattdessen halte dich an folgende Struktur:

Fragestellung
Beweis
Fazit

Die meisten der großen Ideen in den Geistes- und Sozialwissenschaften werden in dieser Form dargestellt. Warum? Professionelle Akademiker denken in Fragen. Sie sehen die Welt durch die Brille der Fragestellung. Wenn sie auf der Suche nach grundlegenden Ideen sind, müssen sie zunächst Fragen finden und einem Weg aus Beweisen folgen, bis sie ein Fazit ableiten können.

Dementsprechend wird unterrichtet. Meist stellen sie eine Frage, stellen dann verschiedene Beweise dar, um am Ende zu einem interessanten Fazit zu gelangen. **Aus diesem Vorgehen solltest du deinen**

Vorteil ziehen, indem du deine Mitschrift nach dem Muster Fragestellung/Beweis/Fazit gliederst.

Diese Herangehensweise ist einfach. Jede Information, die du im Seminar oder im Unterricht notierst, sollte sich nach einer gut formulierten Frage richten. Jede Frage sollte ihr entsprechend gut formuliertes Fazit haben. Am Ende sollten deine Notizen nur aus einer Reihe Fragestellungen mit entsprechendem Fazit bestehen, zwischen denen die Beweise aufgeführt sind und das Fazit erklären. Dein Ziel sollte also sein, alle Fakten und Beobachtungen, die in der Stunde aufkommen, in dieser netten kleinen Struktur zu ordnen.

Dabei darf man nicht vergessen, dass die Professorin oder der Lehrer die Frage nicht immer deutlich stellt. Häufig springen sie sofort zu den Beweisen, dann musst du die Frage herleiten, um die es hier geht. Scheue dich nicht, das Wort **»FRAGESTELLUNG:«** zu notieren und den Rest der Zeile zunächst leer zu lassen. Mach mit den Beweisen weiter und komm später auf die Frage zurück.

Das gilt auch für das Fazit. Manchmal gibt die Lehrperson Hinweise auf das Fazit, rückt damit aber nicht gleich heraus oder präsentiert ein klares Ergebnis der Diskussion. In diesem Fall wirst du die Fragestellung formulieren und die Beweise zu einem Fazit zusammenfassen. Das ist der wichtige Teil der Übung. Wenn du ein Fazit formulierst, legst du den Grundgedanken fest. Wenn du es nicht ermitteln kannst, bevor es weiter zum nächsten Thema geht, notiere einfach **»FAZIT:«** und fülle die leere Stelle später in einer Pause oder unmittelbar nach dem Unterricht aus.

Denk daran, dass das Fazit selten einfach ist. Professoren oder Lehrerinnen bieten häufig Schlussfolgerungen an, die nur die Komplexität des Themas zusammenfassen. Nehmen wir beispielsweise folgende Frage aus der Literaturwissenschaft: »Wer war der größte Romancier des 20. Jahrhunderts?« Ein einfaches Fazit wäre »Hemingway«. Das ließe sich anhand des Einflusses und der Originalität von Hemingways Werken belegen. Auf der anderen Seite würde die Antwort eines Professors wahrscheinlich viel komplizierter lauten: »Unterschiedliche

Generationen würden diese Frage unterschiedlich beantworten. Das hängt von den jeweils herrschenden gesellschaftlichen Themen ab.« In diesem Fall würden Aussagen verschiedener Experten unterschiedlicher Dekaden folgen, die deren jeweilige Lieblingsautoren und Beobachtungen der gesellschaftlichen Lebensbedingungen umfassen.

Je länger du Kurse besucht hast, desto besser gelingt es dir, zu einer komplexeren Schlussfolgerung zu kommen. Zögere nicht, am Anfang nachzufragen, ob du mit deinem Fazit richtig liegst oder nicht. Wenn dir das vor dem gesamten Kurs zu heikel ist, sprich die Lehrperson nach der Stunde an oder geh in ihre Sprechstunde. Sie freut sich sicherlich über solch ein Gespräch mit dir. Nutze diesen Austausch, um deine detektivischen Fähigkeiten zu verbessern, eine Schlussfolgerung aufzuspüren.

Und noch ein wichtiger Tipp: Nutze die langweiligen Phasen während einer Vorlesung. Wie bereits angedeutet, hauen viele Professoren oder (Berufs-)Schullehrerinnen die Informationen in solch einem Tempo hinaus, dass kaum Zeit ist, eine Frage zu notieren oder über ein Fazit nachzudenken. Manchmal muss man all seine Energie bündeln, um nur die Beweise mitzubekommen. Wenn das der Fall ist, warte auf eine kleine Flaute, wenn die vortragende Person etwa eine persönliche Anekdote zum Besten gibt oder jemand eine geistlose Frage stellt. Das ist die Chance, kurz Rückschau zu halten und zu überfliegen, was du bisher mitgeschrieben hast. Dokumentiere die Schlussfolgerung, kläre offene Fragen und füge Belege zur Veranschaulichung hinzu. Wenn du nicht in Eile bist, lohnt es sich, nach dem Unterricht fünf Minuten zu investieren, die Notizen übersichtlicher zu machen. Harvard-Studentin Doris hat folgenden Tipp: »Es ist wichtig, sofort nach dem Seminar die Notizen noch einmal durchzugehen, um den Inhalt zu verinnerlichen, zu korrigieren oder etwas hinzuzufügen. Sonst passiert es leicht, dass man hinterher völlig vergessen hat, worum es an dem Tag ging.« Bei der Prüfungsvorbereitung sind es genau diese kleinen Dinge, die am Ende den großen Unterschied machen.

Denk außerdem daran, dass die Anzahl der Fragestellungen je nach Veranstaltung auseinandergehen kann. Die eine Lehrperson beschäftigt sich vielleicht eine ganze Unterrichtseinheit mit nur einer Frage, der andere diskutiert binnen 90 Minuten mehr als zehn Aspekte. Häufig geht es zunächst um eine umfassendere Frage, die danach in kleinere Unterpunkte differenziert wird, um schließlich zu einer komplexen Schlussfolgerung zu kommen. Wie gesagt, je mehr du dich darin übst, desto leichter wird es dir fallen, diese Struktur intuitiv zu erfassen. »Wenn man aufmerksam zuhört, was der Prof sagt«, erklärt Matthew von der Brown University, »findet man heraus, was für ihn wichtig ist.« Achte auf Pausen, die meist nach wichtigen Punkten folgen, und denke dran, dass Anekdoten dann erzählt werden, wenn das Thema nicht gar so wichtig ist.

Im Prinzip gibt es hier kein Richtig oder Falsch, wie man den Unterricht in Frage/Fazit-Paare gliedert. Daher versuche eine Struktur zu entdecken, die mehr oder weniger funktioniert. Du kannst deine Notizen später immer noch anpassen. Streiche Fragen, wenn es sinnvoll erscheint. Und wenn dir auffällt, dass ein Beweis gar nicht so recht zu den Fragen passen will, ist das auch okay, nur merke das an. Profs und Lehrerinnen schweifen manchmal ab, das ist einfach so. Indem du wenigstens *versuchst*, alle Informationen in die Struktur Frage und Fazit zu bringen, bist du schon einen ganzen Schritt weiter als die anderen, wenn es darum geht, Grundideen zu begreifen.

Ein kurzes Beispiel

Unten findest du ein Exzerpt einer College-Vorlesung über den Untergang des Römischen Reiches. Danach präsentiere ich ein Beispiel, wie ein Einserkandidat vielleicht mitgeschrieben hätte. Wahrscheinlich hat er zunächst Stichpunkte mit der Argumentation gemacht und erst die Frage und das Fazit ergänzt, nachdem klar geworden ist, worauf der Professor hinauswollte. Dir wird auffallen, dass unser Studi seine Mitschrift extrem formatiert hat: Er nutzt eine Liste, wichtige Begriffe sind fett oder in Großbuchstaben geschrieben. Das zieht er konsequent durch. Vielleicht ist ihm diese Formatierung spontan beim Schreiben eingefallen; sie hilft ihm dabei, die dargestellten Konzepte zu begreifen und zu behalten.

Exzerpt der Vorlesung:
In unserer heutigen Vorlesung geht es um den sogenannten »Verfall und Untergang des Römischen Reiches«. Die Vorstellung, dass das Römische Reich an die wilden, barbarischen Horden »gefallen« ist, besteht seit dem 18. Jahrhundert. Edward Gibbons Buch mit diesem Titel wies auf zwei Ursachen für eben diesen Verfall und Untergang Roms hin, die Christen und Barbaren. Manchmal verwechselte er sogar die beiden. Gibbon argumentierte, das Christentum habe die am wenigsten intellektuellen und stark abergläubigen Elemente im Imperium angezogen. Daher sei es nicht überraschend, dass der Triumph des Christentums im Reich mit dem Untergang Roms zusammenfällt. Die Christen, so Gibbon, untergruben mit ihren Ideen von Vergebung und Barmherzigkeit die strengen patriotischen Tugenden der Römer, die sie befähigt hatten, heldenhaft den barbarischen Invasionen zu widerstehen. Rostovsteff und Toynbee verfolgten eine ähnliche Argumentation, aber anstatt die Schuld den Christen zu geben, suchten sie nach sozialen und politischen Ursachen. Beide argumentieren, dass irgendwann im dritten Jahrhundert die regierende römische Elite ihren politischen und intellektuellen Anspruch verlor und es zuließ, dass mindere Kräfte die Macht übernahmen, die weniger in der Lage waren, das Reich im Angesicht der Barbaren zusammenzuhalten.

All diese Historiker betrachteten jedoch die Geschichte des Römischen Reiches in den Jahren 250 bis 500 aus einer Perspektive, die in geografischer Hinsicht sehr begrenzt war. Schließlich lebten sie in einer Welt, deren Zentrum der europäischen Zivilisation längst nicht mehr das Mittelmeer war, sondern der Nordwesten Europas. Sie lenkten die

Aufmerksamkeit auf Frankreich und Britannien, wie es sich im 6. Jahrhundert v.Chr. darbot und gingen von der Annahme aus, dass der Nordwesten Europas der natürliche Nachfolger des klassischen Altertums war. Denn eigentlich unterlag nur der romanische Westen im besten Fall dem Verfall und Untergang, und auch dort betraf es nur die Administration. Weder war es eine unmittelbare noch große Katastrophe, doch verlor das Römische Reich seinen Einfluss über diese Gebiete bereits seit dem 3. Jahrhundert.

Notizen zum Exzerpt:

FRAGE: Gab es wirklich den großen »Untergang« des Römischen Reiches?

- Das Römische Reich unterlag einem katastrophalen Verfall und Untergang unter den wilden Barbaren. Weit verbreitete Idee seit dem 18. Jahrhundert.
- **Edward Gibbon** schrieb ein Buch, in dem er den Untergang den Christen und Barbaren anlastete. Der christliche Glaube ersetzte heldenhafte Tugenden, schwächte das Militär und ermöglichte den Barbaren den Sieg.
- **Rostovsteff und Toynbee** schrieben Bücher mit ähnlicher Argumentation
  - ABER: Es lag nicht an den Christen, sondern soziale und politische Probleme führten zur Schwächung des Reiches.
- **ALLERDINGS:** Diese Sichtweisen sind »geografisch eingeschränkt«.
  - Die Autoren lebten in Europa, daher konzentrierten sie sich auf Europa, den einzigen Ort, an dem es aussah, als sei das Reich untergegangen.
  - Der Machtverlust war im Mittelmeerraum kaum so ausgeprägt ... es gab dort keinen großen Untergang und Fall.

FAZIT: Die Idee des katastrophalen Untergangs des Römischen Reiches war in europäischen Kreisen populär, aber sie überzeichnet die Realität ... Es wird in Europa zu viel Augenmerk auf die Geschichte des Reiches gelegt.

Ausnahme

Kurse in den naturwissenschaftlichen Fächern nutzen auch Diskussionen, in denen die Lehrperson das Gespräch unter den Studis zu einem bestimmten Thema oder Themen anleitet. Die hier beschriebene Technik zum Mitschreiben funktioniert in diesem Fall nicht. In einer Gruppendiskussion kann man keine sauber argumentierten Punkte erwarten. Stattdessen werden zufällige Aussagen getroffen, in denen sich hin und wieder ein solides Argument verbirgt. In solch einem Fall empfiehlt sich folgende Strategie:

Suche eine präzise Überschrift für die Diskussion und kennzeichne sie als solche. Wenn jemand etwas sagt, das du sinnvoll findest, notiere es. Wenn *dir* etwas Sinnvolles einfällt, notiere es, und heb dann deine Hand, um deine Einsicht dem Kurs mitzuteilen. Wenn du mitmachst, bist du konzentrierter bei der Sache. Wenn jemand etwas sagt, dass du unsinnig oder irrelevant findest, ignorier es einfach. Und falls die Lehrperson etwas einwirft – das ist wichtig –, schreib es auf und unterstreiche es mehrfach, denn man kann davon ausgehen, dass ihre Aussagen sinnvoll sind. Am Ende des Kurses hast du eine Überschrift mit einer recht kurzen Liste von interessanten Aussagen. Mehr brauchst du gar nicht. Diskussionen dienen dazu, deine Argumentationsfertigkeit zu trainieren, und gegebenenfalls bieten sie Ideen für eine zukünftige Hausarbeit. Diese Herangehensweise an das Mitschreiben erlaubt dir, interessante Gedanken herauszufiltern und eigene Schlüsse zu ziehen.

Mach clevere Notizen in MINT-Fächern (Wo ist das Problem?)

Technische Fachbereiche behandeln ihre Themen hauptsächlich mithilfe von mathematischen Formeln oder Computercode – das betrifft beispielsweise Mathematik, Naturwissenschaften, Ingenieurwissenschaften, Wirtschaftswissenschaften, Informatik und quantitative Sozialforschung. In diesen Fächern sind ganz andere Techniken des Mitschreibens erforderlich. Im Prinzip sind sie nämlich viel einfacher. Greta, die Einserkandidaten vom Dartmouth College, erläutert, dass man für technische Fächer »mehr Details zu Erklärung des jeweiligen Problems notieren sollte ... je mehr desto besser.« Das heißt, hier kannst du die grundlegenden Ideen vergessen. **Wichtigstes Anliegen in technischen Fächern ist es, so viele Beispielaufgaben wie möglich mitzuschreiben.** Wenn du dich auf eine Prüfung vorbereitest, sind diese Aufgaben deine wichtigste Grundlage zum Lernen. Daher sollte dein Augenmerk darin liegen, so genau wie möglich die Beispiele mitzuschreiben, die von der Lehrperson dargestellt werden. Sehen wir uns das mal näher an:

Lass Hintergrundtexte erst einmal liegen, aber habe sie griffbereit

In den meisten naturwissenschaftlichen Veranstaltungen bekommt man Hintergrundlektüre angegeben. Diese Texte stammen meist aus Lehrbüchern und erklären eine bestimmte Herangehensweise oder Formel. **Lies sie nicht.** Es mag frevelhaft klingen, aber die Realität in den naturwissenschaftlichen Studiengängen sieht so aus, dass die wenigsten Studenten diese Texte lesen, bevor sie die eigentlichen Aufgaben bearbeiten. Warum? Weil im Unterricht genau dasselbe drankommt. Wenn du etwas nicht verstanden hast, *nachdem* es der Prof erklärt hat, dann solltest du dir den Text vornehmen, um deine Fragen zu klären. Diese Reihenfolge ist viel effizienter als anders herum.

Allerdings solltest du die Texte im Unterricht dabei haben. Einserkandidaten verfolgen die Ausführungen der Lehrperson parallel in ihren Büchern mit. Damit verstehst du die Lösungen gleich beim ersten Mal und falls nicht, kannst du aufgrund des Texts deine Fragen besser formulieren, um dein Verständnis zu verbessern. Stell sicher, dass du zum Unterricht alle Texte dabei und griffbereit hast, bevor der Unterricht losgeht.

Stelle das Mitschreiben in den Vordergrund.

In einer idealen Welt gelingt es dir, jede einzelne Beispielaufgabe mitzuschreiben, die Antwort natürlich ebenso wie alle Zwischenschritte. Doch das wird nicht passieren. Der Stoff wird viel zu schnell durchgenommen, als dass du alles dokumentieren kannst. Daher ist es wichtig, Prioritäten zu setzen.

Erste Priorität: Schreibe die Fragestellung und das Ergebnis auf

Auch bei den schnellsten Vortragenden sollte die Zeit ausreichen, die Frage und die Antwort zu notieren. Bist du gerade dabei, die Zwischenschritte aufzuschreiben, und es geht schon zur nächsten Aufgabe, überspring die Schritte, notiere das Ergebnis und folge weiter dem Unterricht. In einer kleinen Pause kannst du versuchen, die fehlenden Schritte zu ergänzen ... daher lasse Platz zwischen den Aufgaben. Aber selbst wenn dir das nicht gelingt, ist es sinnvoll, die Aufgabe und das Ergebnis zu haben, damit du alles Weitere später ergänzen kannst.

Zweite Priorität: Frage nach, wenn du etwas nicht verstanden hast

Studis, die in technischen Fächern gut abschneiden, sind diejenigen, die sich die Fragestellung genau anschauen und dann darauf bestehen,

Fragen zu stellen, wenn sie etwas nicht verstanden haben. Nervt das? Ein bisschen. Verbessern diese Fragen das Verständnis? Auf alle Fälle. Wenn du keine Fragen stellen kannst, markiere dir wenigstens die Stelle, an der du nicht mehr mitgekommen bist. Versehe die Stellen mit Fragezeichen oder mit Kringeln, denn das wird dir später beim Lernen helfen. Doch je mehr Fragen du im Kurs klären kannst, desto mehr Arbeit sparst du dir später. Also, melde dich, sei mutig und stelle deine Frage(n)!

Dritte Priorität: Dokumentiere die Lösungsschritte

Wenn im Kurs ein neuer Lösungsweg vorgestellt wird, gehen die Profs meist langsam vor. Nur bei diesen Fallbeispielen wird es dir normalerweise gelingen, alle Zwischenschritte mitzuschreiben. Daher ist es wichtig, zu Beginn der Diskussion aufmerksam zu sein, und lass dich nicht entmutigen, wenn die folgenden Aufgaben zu schnell gelöst werden, sodass du nicht alle Zwischenschritte aufzeichnen kannst.

Vierte Priorität: Versehe die Zwischenschritte mit Anmerkungen

Solltest du schon weiter sein als der Kurs oder der Prof, nutze die Zeit damit, die Zwischenlösungen zu kommentieren. Wozu dienen sie? Warum sind sie wichtig? Falls du die Zeit hast, nützen dir diese Anmerkungen später beim Lernen für die Prüfung.

Schritt 2
Nimm die Aufgaben nicht zu ernst

Die meisten (Berufs-)schüler und Studentinnen verbringen viel zu viel Zeit damit, zu Hause Textarbeit zu machen und Aufgaben zu lösen, was dazu führt, dass sie das Gefühl haben, nicht mehr hinterherzukommen. Das ist ein Problem. Wenn du jeden Tag zu viel für deine Kurse machen musst, kannst du dich nicht angemessen auf deine größeren Klausuren, Prüfungen oder Projekte konzentrieren.

Wie jeder andere Studi hassen Einserkandidaten Aufgaben, die von Woche zu Woche erledigt werden müssen. Deshalb haben sie die Kunst entwickelt, Arbeit auf ein Minimum zu reduzieren, und dennoch zu lernen, was nötig ist. In diesem Kapitel zeige ich ihre Strategien auf, Texte zu lesen und Aufgaben zu lösen, ohne dass das in Stress ausartet. Wenn du dieser Herangehensweise folgst, entziehen dir diese Aufgaben nicht mehr Energie, sondern du kannst sie in Verpflichtungen verwandeln, die du gut bewältigen und von denen du noch etwas lernen kannst.

Regelmäßigkeit ist Trumpf

Die meisten fangen erst einen Tag vor der Abgabe an. Das heißt, sie warten bis zum Schluss damit, die Aufgabe zu bearbeiten. Das klingt wie eine einfache Lösung, aber es ist sehr problemanfällig. Umfassendere Aufgaben, und seien sie noch so interessant, verwandeln sich so erst in einen ermüdenden und schließlich qualvollen Monolithen, den man in letzter Minute bewältigen muss. Sollten gleich zwei oder mehr Aufgaben am selben Tag abzugeben sein (was häufig der Fall sein wird), zwingt dich das in einen kopflosen Arbeitsmarathon, der allerhöchstens mittelmäßige Noten bringt – wenn es einigermaßen gut läuft.

Einserkandidaten vermeiden solchen Stress, indem sie an Aufgaben regelmäßig arbeiten, jeden Tag ein wenig. »Ich versuche jeden Sonntagabend, die folgende Woche zu planen«, erläutert Simon, Einserkandidat von der Brown University. »Mein Ziel ist es, jeden Tag ein bisschen was zu machen, aber ohne, dass es an vollen Tagen zu viel wird.«

Hast du zum Beispiel jede Woche auf, eine Reihe von Matheaufgaben zu lösen, dann löse jeden Tag eine, eine Stunde lang. Dann brauchst du nicht die Nacht vor der Abgabe fünf Stunden lang damit zu verbringen. Dasselbe gilt für Lektüreaufgaben. Nimm dir jeden Tag ein Kapitel vor, dann kannst du dich von einsamen Abenden verabschieden, die du mit einem Sixpack Energydrinks vor deinen Büchern sitzt.

Denk daran, selbst wenn du alle Aufgaben für einen Kurs erledigt hast, solltest du weiter am Thema arbeiten. Wenn du zum Beispiel am Wochenende schon die Lektüre für den Geschichtskurs am Montag gelesen und du etwas freie Zeit hast, nutze sie und fang mit der Lektüre für Mittwoch an. Das heißt natürlich nicht, dass du wie verrückt jeden Tag 24 Stunden arbeiten sollst. Du musst nicht bis 2 Uhr morgens am Sonntag malochen, um alle Aufgaben für die gesamte Woche zu erledigen. Aber wenn du zufällig mit allem fertig bist, was du dir vorgenommen hast, nutze die Gunst der Stunde und mach noch ein wenig weiter. Sobald du dich daran gewöhnt hast, jeden Tag ein wenig für jeden Kurs zu machen, wirst du erstaunt sein, wie häufig diese Situation eintritt, dass du schneller vorankommst als geplant.

Einserkandidaten nutzen diese Strategie, wann immer sie dazu Gelegenheit haben. Wenn man mit seiner Arbeit voraus ist, lässt das den Kopf frei, um an größere Hausarbeiten oder die Prüfungsvorbereitung zu denken. Es wirkt wie ein Aberglauben, aber wenn es viel zu tun gibt, kommt noch mehr Arbeit, ist gerade Flaute, passiert wenig. Nutze die Ruhe vor dem Sturm: Wenn du gerade Zeit hast, arbeite vor, denn der nächste Tsunami an Arbeitsaufträgen und Abgabeterminen zieht vielleicht schon am Horizont auf.

Lies nicht alles

»Wirklich alles zu lesen, das ist im College ein Luxus, den sich die meisten von uns nicht leisten können – besonders wenn man auch noch freiwillige Fächer oder Veranstaltungen gewählt hat«, erklärt Tyler, Einserkandidat von der Duke University. »Daher ist es wichtig, die Sachen sorgfältig auszuwählen, die man macht: Was muss ich wirklich lesen? Was brauche ich nur zu überfliegen? Und was kann ich weglassen?« Lee von der Columbia University formuliert es so: »Das ganze Lesepensum kann einen manchmal überwältigen. Und nur wenige Leute, die ich kenne, lesen wirklich alles – da dreht man ja durch!« Chris, ein Einserkandidat vom Dartmouth College, rät einfach: »Man sollte natürlich nicht alles lesen, was im Studienplan steht.«

Alle heben folgenden wichtigen Punkt hervor: Man kann gar nicht alles lesen, was man für jeden Kurs durcharbeiten müsste. Manchmal umfasst die Lektüreaufgabe einfach mehr Seiten, als ein Mensch an einem Tag bewältigen kann. Deswegen ist es gut, sich daran zu erinnern, **dass du nicht alles gelesen haben musst**. Das sollte in Bronze gegossen über der Tür von jedem Unterrichtsraum oder Hörsaal stehen. Wenn alle

Erstsemester dieses Geheimnis kennen würden, ließen sich viele Panikattacken vermeiden.

Das Schwierige an der ganzen Sache ist natürlich, zu entscheiden, was unbedingt zu lesen ist und was nicht. Dieses Wissen stellt sich mit der Zeit von selbst ein. Je länger du dabei bist, desto leichter wird es dir fallen, genau einschätzen zu können, wie wichtig jede einzelne Aufgabe ist. Allerdings helfen dir ein paar generelle Tipps dabei, diese Kunst schneller zu erlernen. Die folgenden Ratschläge stammen ebenfalls von den Einserkandidaten. Sie haben sie systematisch entwickelt, um die Entscheidung zu treffen, welcher Text zu lesen ist und welchen sie getrost ignorieren können.

Beispielsweise gibt es in den meisten Kursen eine oder zwei Quellen, die für jede Sitzung oder Stunde angegeben sind. Nennen wir sie *Hauptquellen*. Das ist entweder ein bestimmtes Lehrbuch oder ein Seminarordner. An ihnen orientiert sich der Unterricht und sie liefern die wichtigsten Fakten und Argumente in komprimierter Form. **Diese Hauptquellen, auf denen auch Aufgaben basieren, solltest du immer lesen.**

Diese Quellen werden normalerweise mit zusätzlicher Lektüre angereichert. Sie bieten einen Kontext oder analysieren bestimmte Aspekte eingehender, es sind entweder wissenschaftliche Darstellungen, Transkripte oder einzelne Kapitel aus Fachbüchern … und oft sind die Inhalte faszinierend. Aber ebenso häufig kann man auch auf sie verzichten, daher solltest du dich nicht darauf versteifen, sie auch noch alle zu lesen. Stattdessen solltest du dich in bestimmten Wochen, wenn du nur wenig Zeit hast, nur mit den strategisch wichtigen Texten beschäftigen.

Aber natürlich geht es darum, in der Berufsschule oder an der Uni viel zu lernen, und wenn du die Zeit dafür hast, allen Literaturvorschlägen zu folgen, dann solltest du das unbedingt tun. Deine Professorin hat all diese Quellen ausgewählt, weil sie für dein Verständnis eines bestimmten Themas wichtig sind, und je mehr du liest, desto mehr weißt du. Aber wie Tyler bereits sagte, alles zu lesen ist ein »Luxus, den man sich nicht immer leisten kann«.

Wie entscheidet man nun, was man lesen muss, wo querlesen reicht und was man getrost auslassen kann? Einserkandidaten nehmen sich folgende Prioritätenliste zum Vorbild:

Texte, die eine **Argumentation** wiedergeben, sind wichtiger als die Lektüre über ein **Ereignis oder eine Person**, die wiederum wichtiger ist als ein Text, der nur einen **Kontext** darstellt (etwa eine Rede oder ein Zeitungsartikel).

Beschreibt eine Aufgabe einen Text, der sich um eine Argumentation dreht, solltest du ihn lesen, um diese Argumentation verstehen zu können. Den Text musst du nicht so gründlich durcharbeiten wie eine Hauptquelle, aber du solltest dich zumindest so eingehend damit beschäftigen, dass du die einzelnen Thesen wirklich verstehst. Texte über Ereignisse oder Personen brauchst du nur querzulesen, denn sie dienen nur dazu, Fakten darzustellen, die die Argumente untermauern sollen. Ein kurzes Durchblättern sollte reichen, um genügend Fakten zu erkennen, und dazu ist es sicherlich nicht nötig, Zeile für Zeile vorzugehen. Texte über den Kontext kannst du getrost links liegen lassen, denn der Prof oder die Lehrerin wird im Unterricht darauf eingehen, warum sie wichtig sind. Bring diese Texte trotzdem mit in den Unterricht und mach aufmerksam Notizen.

Schauen wir uns nun ein paar echte Bespiele aus dem Lehrplan eines Colleges ein, die illustrieren, wie man diese Strategie praktisch umsetzt.

Beispiel #1

Die folgende Leseliste stammt aus dem Lehrplan des Geschichtsseminars »Die Entstehung des modernen Amerikas«.

Sitzung #20: Vietnam

Quellen:

Maier, Pauline et al. (2003) »Inventing America«. New York: Norton, 952–957, 968–971.

Johnson, Lyndon B. (1992) »Speech at Johns Hopkins University«, in George Katsiaficas, ed., *Vietnam Documents: American and Vietnamese Views of the War*. Armonk, N.Y.: Sharpe, 200–205. [elektronische Vorbestellung]

O'Brien, Tim. (1998) »On the Rainy River«, in *The Things They Carried*. New York: Random House, 39–61.

Nehmen wir einmal an, dass dein Schreibtisch brennt, wenn du diese Lektüre für das Seminar vorbereiten musst. Wie gehst du vor? Zunächst einmal sollte dir auffallen, dass das Buch *Inventing America* bei fast jeder Sitzung dieses Seminars auftaucht – es ist also eine Hauptquelle. Der besagten Regel folgend, solltest du alle Textabschnitte aus diesem Buch lesen. Die beiden anderen Angaben sehen nach zusätzlicher Lektüre aus, hier können wir die erwähnte Priorisierung anwenden, um herauszufinden, wie viel Aufmerksamkeit wir den Texten schenken müssen.

Die Rede von Lyndon B. Johnson wirkt, als handelte es sich um eine Quelle, die einen Zusammenhang darstellt. Sie steht an letzter Stelle unserer Liste, daher reicht es wohl, wenn du die Rede ausdruckst und mit in den Unterricht bringst. So kannst du, wenn die Professorin auf einige wichtige Aspekte von Johnsons Rhetorik hinweist, in der Stunde mitlesen und Notizen direkt auf der Kopie machen. Aber mache dir nicht die Mühe, vorher mehr als einmal kurz drüber zu schauen.

Der Textausschnitt von Tim O'Brien stammt aus einem hervorragenden erzählenden Sachbuch über den Vietnamkrieg und hätte fast den Pulitzer-Preis gewonnen. Wenn du genügend Zeit hast, wäre es auf alle Fälle wertvoll, ihn zu lesen, denn vermutlich ist es die spannendste

Lektüre unter den dreien. Aber wenn du einfach zu viel zu tun hast, musst du auch hier Prioritäten setzen. Weil der Ausschnitt nur ein Ereignis schildert, steht er nur auf der zweiten Prioritätsstufe. Daher solltest du diese 22 Seiten maximal kurz überfliegen, das dauert knapp 20 Minuten. Doch auch hier solltest du den Text mit in den Unterricht bringen. Wenn die Professorin bestimmte Aspekte aus dem Text hervorhebt, solltest du mitlesen können.

Hierbei möchte ich erwähnen, dass Belletristik mit Vorsicht zu genießen ist. In diesem Fall ist die Erzählung von Tim O'Brien eine Fiktionalisierung von historischen Tatsachen, und es wird in einem Geschichtsseminar gelesen, das sich hauptsächlich mit der kulturellen Konstruktion der modernen USA auseinandersetzt. In diesem Kontext bietet das Buch zusätzliche Aspekte zur Diskussion. Es geht nicht darum, Argumente zu liefern, was ganz klar zur zweiten Prioritätsstufe gehört. Das gilt allerdings nicht immer für Belletristik. Romane können auch als Quelle für aussagekräftige kulturelle Artefakte dienen oder erklären, warum bestimmte Ereignisse geschehen sind. In diesen Fällen gehört ein belletristisches Werk zu den Hauptquellen oder hat nach unseren Kriterien erste Priorität. Beispielsweise dient George Orwells *1984* in einem politikwissenschaftlichen Seminar, in dem es um Totalitarismus geht, nicht als Hintergrundinformation, ebenso wenig steht es im Kontext des historischen Ereignisses, sondern das Buch stellt ein wichtiges Argument dar. Wenn du deine Lektüre priorisierst, solltest du das im Kopf behalten. Erzählende Literatur sollte daher auf keinen Fall unbesehen unberücksichtigt bleiben. Belegst du ein Englischseminar mit dem Schwerpunkt Roman, dann gehören Romane selbstverständlich zu der Lektüre, die du unbedingt lesen solltest. Wie Christine, Einserkandidatin von der Harvard University, feststellt, widerspricht es in diesen Fällen »dem ganzen Sinn des Seminars, wenn du nur Inhaltsangaben liest oder den Text querliest ... die Bücher musst du einfach lesen«.

Beispiel #2

Das folgende, etwas anspruchsvollere Beispiel stammt aus dem Kursplan eines Seminars in Politikwissenschaften mit dem Titel »Vergleichende Gesundheitspolitik«.

Vorlesung 4: Der Kampf um die Krankenversicherung für alle: Clintons Plan für die Gesundheitsversorgung

Quellen

Enthoven, Alain. »Managed Competition: An Agenda for Action« in *Health Affairs* 7, no. 3 (Summer 1988): 25–47.

Eckholm, Erik. (1993) »Introduction« in *The President's Health Security Plan*. New York: Times Books, vii–xvi.

Skocpol, Theda. »The Rise and Demise of the Clinton Health Plan«, in *Health Affairs* 14, no. 1 (Spring 1995): 66–85.

Heclo, Hugh. »The Clinton Health Plan: Historical Perspective«, in *Health Affairs* 14, no. 1 (Spring 1995): 86–98.

Peterson, Mark A. (1998) »The Politics of Health Care Policy: Overreaching in an Age of Polarization«, in Margaret Weir, ed., *The Social Divide*. Washington, D.C.: Brookings Institution Press, 181–229.

Bei diesem Beispiel ist es schwieriger, die Prioritäten zu setzen, weil es keine offensichtlichen Hauptquellen gibt. Weder ein Lehrbuch noch ein Reader für alle Termine ist aufgeführt. In einem Fall wie diesem liegt die Lösung darin, den Vorlesungstitel zu nutzen, um daraufhin die Lektüre auszuwählen. Die Regel lautet dann einfach: **In einem Kurs oder Seminar ohne Hauptquellen solltest du diejenigen Texte zuerst lesen, die den Seminartitel aufnehmen.** Die anderen Texte sind zusätzliche Lektüre.

In diesem Beispiel lautet der Titel der Veranstaltung »Der Kampf um die Krankenversicherung für alle. Clintons Plan für die Gesundheitsversorgung«. Deshalb sollten die Texte von Erik Eckholm, Hugh Heclo und Theda Skocpol deine Hauptquellen werden, weil sich alle drei explizit mit Clintons Vorhaben beschäftigen. Du solltest sie aufmerksam lesen.

Die beiden anderen Artikel kannst du als Ergänzung nehmen. Weil sie so aussehen, als würden sie Argumente enthalten, die für das Thema Gesundheitsversorgung unter Clinton relevant sind, stehen sie an der Spitze unserer Hierarchie, und du solltest ihnen wenigstens genug Aufmerksamkeit schenken, um diese Argumente herauszufinden. Es wäre schlau, zumindest ihre Einleitung zu lesen und deren Thesen zu notieren.

Lektüreentscheidungen überdenken

Während des Unterrichts solltest du abgleichen, ob du die richtigen Entscheidungen getroffen hast, was du liest und was nicht. Wenn der Professor ein Werk hervorhebt, das du ausgeblendet hast (das kann schon mal passieren, kein System ist perfekt), plane, das Buch oder den Text noch einmal vor der Prüfung eingehend zu lesen. Hier ist es schlau, diese bisher ungelesenen Texte in deine Liste einzutragen, um die Lektüre später nachzuholen. Such dir dafür einen Tag aus, an dem du sonst nicht so viel lesen musst, und behandele die Aufgabe, als hätte dein Professor sie dir direkt gestellt. Wenn du keinen genauen Termin für die Lektüre festlegst, wirst du sie aufschieben, und damit wächst deine Lektüreliste für die Prüfung weiter an.

Wenn du auf der anderen Seite feststellst, dass die Lehrperson einen Text in jedem Detail bespricht, gibt das einen Hinweis darauf, wie gründlich du zu Hause lesen musst. Lydia vom Dartmouth-College fasst es so zusammen: »Wenn du dem Seminar aufmerksam folgst und mitschreibst, erübrigt sich häufig das Lesen.«

Mach clevere Notizen zu den Hauptquellen

Darüber, welche Lektüre man weglassen oder querlesen kann, haben wir schon gesprochen. Jetzt stellt sich natürlich die Frage, wie du mit den Hauptquellen umgehst, die du gründlich durchlesen willst. Hier spielt es eine große Rolle, wie du dir Notizen machst. Wenn du nur wenig aufschreibst, ist die Arbeit schnell erledigt. Dennoch ist es verschwendete Zeit gewesen, denn dir nützen deine Notizen wenig für die Prüfungsvorbereitung, da die grundlegenden Ideen ungenügend aufbereitet sind. Wenn du auf der anderen Seite zu jedem Absatz viele Anmerkungen notierst, dauert das alles viel zu lange. Der beste Kompromiss besteht darin, eine Strategie zu nutzen, die der für die Mitschriften im Kurs ähnelt. Um es noch einmal kurz zusammenzufassen: Alle großen Ideen können auf die Struktur *Fragestellung/Beweis/Fazit* heruntergebrochen werden. Dieser Ansatz funktioniert auch für das Lesen von Texten hervorragend. Und so geht's:

Versuche, wie auch im Unterricht, alle Notizen am Computer zu machen. Damit sind sie übersichtlicher und du kannst sie später besser wiederfinden, wenn du für die Prüfung lernst. Außerdem kannst du schneller schreiben und brauchst damit weniger Zeit. Lies die Aufgabenstellung aufmerksam und such im Text nach den Fragen, die der Autor beantwortet. Bedenke, dass die Antwort etwas anderes als eine These ist. »Warum scheiterte der Gesundheitsplan von Clinton?« ist eine Frage. »Der Gesundheitsplan von Clinton scheiterte aufgrund des Widerstands kommerzieller Gesundheitsdienstleister« ist eine These. Die Antwort auf eine Frage findet sich normalerweise im Titel des Textes oder in den ersten Sätzen. Schreib sie auf und zwar so, dass du sie schnell wiederfindest.

Dann halte Ausschau nach der Schlussfolgerung des Autors (das ist die These). Wahrscheinlich ist das das Schwierigste, da Akademiker dafür bekannt sind, komplizierte Antworten auf ihre Frage zu liefern, besonders wenn sie diese verschriftlichen. Daher muss man hier einige

Forschungsarbeit betreiben, um herauszufinden, was gemeint ist. Schau in den ersten Absätzen nach, hier findet man häufig schon ein Fazit versteckt. Sieh dir ebenfalls die letzten Passagen besonders gut an. Häufig wird am Anfang eines Textes eine Behauptung aufgestellt, die gegen Ende modifiziert wird, wenn die Beweise dargestellt worden sind. Wenn du der Meinung bist, dass du das Fazit herausgefunden hast, notiere das sorgfältig. Keine Sorge, wenn du diesen Punkt in einigen Sätzen zusammenfassen musst – hier geht es nicht darum, gründlich zu sein.

Doch jetzt kommt der leichte Teil der Aufgabe: Überflieg den Rest des Textes. Jetzt brauchst du noch keine Aufzeichnungen zu machen, sondern markiere mit einem Bleistift diejenigen Absätze, die du auf den ersten Blick wichtig findest. Weil du schnell liest, wirst du einiges übersehen, aber das ist kein Problem. »Schau nur nach der Kernaussage des Autors und wie er sie belegt«, rät Jason, Einserkandidat von der University of Pennsylvania. Du musst nicht alles mitbekommen. Alles, was du brauchst, sind einige ordentliche Beispiele, die das Fazit belegen und die Eingangsfrage beantworten.

Sobald du den Text quergelesen hast, suchst du nach deinen Markierungen. Für jede schreibst du eine präzise Zusammenfassung der Aussage auf. Versieh jeden Punkt mit der jeweiligen Seitenzahl. Das nimmt nicht allzu viel Zeit in Anspruch. Kümmere dich dabei nicht darum, ob alles formal stimmt oder die Rechtschreibung beziehungsweise die Grammatik korrekt ist. Es geht einfach darum, diese Beweise festzuhalten. Wenn du damit fertig bist, sollte deine Aufzeichnung aus einer eindeutigen Fragestellung, einer Liste mit den Beweisen und einem klar bezeichneten Fazit bestehen.

Das war es auch schon! Für einen typischen Aufsatz oder ein Buchkapitel brauchst du nicht mehr als eine einzige Seite Notizen und dafür solltest du nicht länger als zwanzig oder dreißig Minuten brauchen. Wenn du länger brauchst, dann liest du vielleicht zu langsam, während du deine Markierungen setzt. Keine Angst, zu schnell zu lesen! Alles, was du brauchst, sind ja nur die Beweise, die von der Fragestellung zum Fazit führen. Wie Matthew von der Brown University es formuliert, sollte es dein Ziel sein »Argumente zu lesen, keine Fakten«.

Arbeite an Übungsblättern nicht allein

Die vielleicht wichtigste Regel, eine Aufgabe mit mathematischen Aufgaben zu lösen, lautet vermutlich, wie wir schon früher festgestellt haben, regelmäßig daran zu arbeiten. »Du kannst an einzelnen Aufgaben oder Teilaufgaben arbeiten, wenn du gerade zwischen Kursen eine Pause hast«, rät Ryan, Einserkandidat vom Dartmouth College. Sich auf ein oder zwei Aufgaben zu konzentrieren lässt mentaler Erschöpfung keine Chance. Sobald dein Gehirn aber müde wird, kommst du nicht mehr voran. Wenn du also die Aufgaben über einige Tage verteilst, brauchst du weniger Zeit, als wenn du versuchst, alles auf einmal zu machen.

Selbst wenn du deinen Zeitplan super organisiert hast, wird es hin und wieder Situationen geben, in denen du nicht weiterkommst. Wenn das der Fall, nutze alle möglichen Ressourcen, die dir zu Verfügung stehen, um den Knoten zu lösen. Wenn es erlaubt ist, mit anderen zusammenzuarbeiten – das ist in vielen MINT-Fächern der Fall – dann nutze diese Gelegenheit. Greta vom Dartmouth College erklärt, dass Gruppenarbeit »die Zeit drastisch verkürzen kann, die man zur Lösung einer schwierigen Aufgabe benötigt«. Such dir ein oder zwei Leute, die auf einem ähnlichen Stand sind wie du, und verabrede dich mit ihnen regelmäßig, um die Aufgaben gemeinsam zu lösen. Trefft euch auf alle Fälle einige Tage vor dem Abgabetermin, damit du zunächst die Chance hast, die Aufgaben allein zu lösen und herauszufinden, womit du die größten Schwierigkeiten hast. Dann kannst du dich in der Arbeitsgruppe auf die Dinge konzentrieren, die wichtig sind. Trefft euch nicht erst einen Tag vor dem Abgabetermin. Es ist wichtig, mindestens noch einen Tag Puffer zu haben, damit du alle deine Antworten noch mal überprüfen und vielleicht kleine Fehler beheben kannst.

Du solltest auch die Sprechstunden nutzen. Diese werden in den MINT-Fächern meistens einmal pro Woche von einem Lehrassistenten angeboten. Diese Treffen sind dazu gedacht, komplizierte Konzepte aus dem Unterricht zu klären und bei schwierigen Problemen zu helfen. Geh immer zu den Sprechstunden, wenn du Zeit hast und weißt, welche Aufgaben für dich die größte Herausforderung darstellen. Hab keine Angst, um Hilfe zu bitten. Du wirst bei diesen wöchentlichen Sitzungen viel lernen, denn die Assistenten können dich durch die schwierigeren Konzepte führen, was dir letztendlich viel Zeit und Frustration ersparen wird.

Problemlösung zwischen Tür und Angel

Schwierige Aufgaben nehmen auf deinen Stundenplan keine Rücksicht. Wenn du dir eine bestimmte Zeit in der Woche für die Aufgaben freihältst, ist das noch lange keine Garantie dafür, dass du in dieser Zeit auch auf die richtige Lösung kommst. Das gilt insbesondere für Probleme, die nur mit einer gewissen Kreativität gelöst werden können, und das passiert nicht auf Knopfdruck. Vor einem weißen Blatt zu sitzen und vor sich hinzustarren führt nicht zwangsläufig zu den gewünschten Ergebnissen.

In der Zusammenarbeit mit anderen kannst du diese mentalen Engpässe umgehen. Aber meistens erweist sich eine Gruppenarbeit nur dann als sinnvoll, wenn du mögliche Lösungswege schon im Kopf hast. Es wäre viel zu zeitintensiv, in der Gruppe die ersten Schritte für *alle* Aufgaben zu machen. Mit dieser Einsicht im Hinterkopf brauchst du eine verlässliche Strategie, die Aufgaben so zu lösen, dass sie dir nicht deinen sorgfältig ausgearbeiteten Zeitplan zerschießen. Viele schlaue Studis der MINT-Fächer setzen folgende clevere Herangehensweise ein: Sie lösen Probleme von unterwegs. Und das funktioniert so:

Mache dich erst eine Zeit lang mit einigen Aufgaben vertraut und stelle sicher, dass du genau weißt, wonach gefragt wird. Vielleicht brauchst du dazu deine Notizen, um die dafür relevanten Konzepte zu verstehen.

Als Nächstes versuchst du, die Aufgabe mit dem offensichtlichsten Lösungsweg zu bewältigen. Vermutlich wird das nicht funktionieren, denn ein schwieriges Problem zeichnet sich ja gerade dadurch aus, dass die Lösung nicht auf der Hand liegt. Dadurch, dass dieser erste Versuch scheitert, weißt du zumindest, *was* genau so schwierig ist. Jetzt bist du soweit, eine ernsthafte Lösung zu finden.

Der nächste Schritt widerspricht eigentlich der Intuition. Nachdem du das Problem eingekreist hast, pack deine Unterlagen beiseite und mach etwas anderes. Anstatt immer weiter an einer Lösung zu arbeiten, bewege die Aufgabe in deinem Kopf, während du mit etwas ganz anderem beschäftigt bist: während du zum Unterricht gehst, in der Mensa anstehst oder duscht. Währenddessen überlegst du dir mögliche Lösungswege. Vielleicht nimmst du dir vor, dieses Problem auf einem langen Spaziergang oder einer Autofahrt zu überdenken. Recht häufig ist es so, dass sich die Lösung ergibt, wenn man nur lange genug etwas anderes gemacht hat. Erst danach solltest du dir überlegen, wann du dich wieder an die Aufgabe setzt, um die Lösung formal korrekt niederzuschreiben und gegebenenfalls noch kleine Fehler auszumerzen. Es ist unklar, *warum* es manchmal leichter fällt, eine Antwort zu finden, wenn man gerade unterwegs ist. Gleichgültig, wie die Erklärung lauten mag, feststeht, dass es für viele Lernende so funktioniert. Außerdem hat es noch einen großen Vorteil, es passiert nämlich, während man mit etwas anderem beschäftigt ist und spart somit viel Zeit – vor allem deine freie Zeit.

Notiere dir Lösungen beim ersten Mal gleich richtig

Ein weiterer Tipp, um Zeit zu sparen, lautet, die Antworten formal korrekt niederzuschreiben, wenn man eine Aufgabe bearbeitet. Viele Studis und (Berufs-)Schülerinnen notieren die Lösung erst einmal irgendwie, um sie später noch einmal ordentlich zu formatieren, bevor sie sie einreichen. Es gibt keinen Grund, dies in zwei Schritten zu tun, denn das kostet dich nur noch mehr Zeit. Geh stattdessen langsam und überlegt vor, wenn du die Lösungen aufschreibst. Konzentriere dich dabei und merze Fehler sofort aus. Wenn die Aufgabe den Vorgaben entspricht, kannst du sie schon mal von deiner Liste streichen – und du hast eine Sorge weniger.

Schritt 3
Organisiere deine Unterlagen

Und hier kommt eine Überraschung: Für die meisten Einserkandidaten ist Lernen keine große Sache. Sie haben begriffen, dass die meiste Arbeit, um Prüfungen zu bestehen, schon erledigt ist, wenn sie im Unterricht die grundlegenden Gedanken begreifen, die wichtigsten Argumente aus einem Text herausschreiben und ihre Übungsblätter bearbeiten. Wenn dann die Prüfungszeit naht, müssen sie sich nur noch einmal die Gedanken durchgehen, die sie sich schon gemacht haben. Diejenigen, die die Nächte durchlernen, beschäftigen sich die meiste Zeit mit Ideen, mit denen sie sich schon vorher im Laufe des Semesters oder des Halbjahres hätten auseinandersetzen können. Vergiss also das gängige Klischee, dass wer viel lernt auch gute Noten bekommt. Clevere Schüler und Studentinnen wissen, **wenn man unter dem Lernen leidet, dann ist etwas schiefgelaufen**. Sich auf eine Prüfung vorzubereiten sollte weder eine Qual sein noch viel Zeit in Anspruch nehmen.

Wenn du bereits die Schritte 1 und 2 umgesetzt hast, nämlich clever Notizen machst und effektiv deine Aufgaben löst, dann sollte das Lernen für dich schon seinen Schrecken verloren haben. Dann musst du eigentlich nur noch zwei Dinge tun, wenn ein Test oder eine Prüfung bevorstehen. Erstens: Organisiere deine Aufzeichnungen auf eine sinnvolle Weise. Zweitens: Arbeite deine Notizen zielgerichtet durch. Wie das geht, lernst du in diesem Abschnitt. Keine Sorge, das Material in eine schlaue Ordnung zu bringen, ist nicht so schwer, aber dennoch ist es entscheidend, dass du es richtig machst. Viele überspringen diesen wichtigen Schritt und fangen gleich an zu lernen, aber damit verdammen sie sich nur selber zu Stunden unnötig vergeudeter Zeit. Diesen Fehler wollen wir ja gerade vermeiden. Wenn du den folgenden Schritt beherzigst, wirst du schnell feststellen, wie viel leichter dir das Lernen fällt.

Worin liegt die Herausforderung?

Bevor du anfängst zu lernen, musst du zunächst den Umfang der Prüfung klären. Simon von der Brown University betont: »Du musst wissen, welche Kenntnisse dein Professor von dir erwartet.« Um das zu erreichen, beantworte folgende Fragen:

- In welchen Vorlesungen und Texten (oder Aufgabenblättern) stecken die Informationen?
- Welche Art Fragen und wie viele davon werden gestellt? Wie Harvard-Studentin Christine sagt: »Es hilft herauszufinden, *was genau* bei der Prüfung abgefragt werden wird – Daten, eine grobe Zusammenfassung der Hauptargumente aus einem Text?«
- Ist es erlaubt, eigene Aufzeichnungen oder gar Bücher zu nutzen?
- Für MINT-Fächer: Werden die Formeln gestellt, oder musst du sie auswendig können?

- Wie viel Zeit steht zur Verfügung? Ist es ein Test oder eine umfassendere Klausur?

Einige Lehrpersonen stellen diese Informationen von sich aus zur Verfügung, andere nicht. Wenn du zwei Wochen vor dem Prüfungstermin noch keine Details weißt, frag nach. Falls es dir unangenehm sein sollte, warte bis zum Ende der Stunde und frag dann. Aber besorge dir diese Informationen so früh wie möglich – sie sind entscheidend für deinen Erfolg.

Entwickele ein Lernpaket (für sozial- und geisteswissenschaftliche Fächer)

»Ich bin schon immer ein großer Fan von Lernpaketen gewesen«, sagt Ryan vom Dartmouth College. Diese Technik ist mir in meinen Befragungen immer wieder begegnet. Das Lernpaket ist für jede und jeden individuell, aber im Allgemeinen sieht es folgendermaßen aus:

Sobald du in den sozial- und geisteswissenschaftlichen Fächern festgestellt hast, in welchen Vorlesungen oder Texten die prüfungsrelevanten Informationen zu finden sind, druck die entsprechenden Aufzeichnungen aus oder suche deine handschriftlichen Notizen zusammen (scheue dich nicht, dafür dein Heft oder den Ordner auseinanderzunehmen). Sortiere diese Seiten nach Themenschwerpunkten in Stapel. Benenne diese Haufen eindeutig mit dem Thema und halte ihn mit einer Büroklammer oder Ähnlichem zusammen, damit du ihn sicher transportieren kannst, ohne dass er durcheinandergerät. Dies ist wichtig, weil du die Unterlagen zu deinen jeweiligen Lernorten umherträgst, sobald es ans Lernen geht. Der Einfachheit halber nenne ich diese Stapel im Folgenden »Kapitel«. Dein Lernpaket sollte am Ende ein Kapitel umfassen, das aus deinen Mitschriften aus dem Unterricht und der Lektüre besteht. Das gilt für jedes übergeordnete Thema, das in der Prüfung vielleicht drankommen wird.

Entwickele ein Mega-Aufgabenpaket (*für MINT-Fächer*)

Bei mathematischen Fächern orientieren sich die Studenten bei der Erstellung ihrer Lernpakete an den Beispielaufgaben. Und das funktioniert so:

Die Übungsaufgaben sind das wichtigste Element deiner Prüfungsvorbereitung. Für jede Art der Übungsaufgaben, die in der Prüfung abgefragt werden könnten, bildest du einen Stapel. Als Nächstes ordnest du die entsprechenden Übungsaufgaben und deine Aufzeichnungen aus der Vorlesung zu:

1. Sortiere deine Aufzeichnungen aus der Vorlesung entsprechend der Arbeitsblätter.
2. Schreibe die Fragestellung aus der Vorlesung auf ein neues Blatt. Es geht nicht um die Rechenschritte oder die Lösung, nur um die Frage.
3. Schreibe das Datum der Vorlesung oder der Unterrichtsstunde auf dieses Blatt. Das hilft dir später nachzuverfolgen, wann diese Frage gestellt wurde (und, was noch wichtiger ist, wo du den Lösungsweg nachschlagen kannst).
4. Klemme diese Seite mit einer Büroklammer an den betreffenden Stapel mit deinen Unterlagen, den du im ersten Schritt zusammengestellt hast.

Damit hast du also ein *Mega-Aufgabenpaket* geschnürt, in dem sich alle Aufgaben und Aufzeichnungen zu dieser Frage finden. Ganz einfach.

Danach musst du nur noch dein Mega-Aufgabenpaket mit *Fragen* abrunden, *die die technischen Aspekte klären*. Wie geht das? Notiere für jedes übergeordnete Thema, um das es in diesem Paket geht, eine grundsätzliche Frage. Folgendes Beispiel stammt vom Greta, die auf das Dartmouth College geht: »In einem VWL-Kurs bereite ich meine

Unterlagen vor und überlege mir dann dazu eine allgemeine Frage, wie: *Was passiert, wenn eine Regierung die Ausgaben erhöht und die Zinsen senkt?*« Oder in einem Chemie-Kurs, in dem die Aufgabe darin besteht, die Molekularstruktur bestimmter chemischer Verbindungen aufzuzeichnen, könnte die grundsätzliche Frage lauten: »Erklären Sie, wie man eine Molekularstruktur zeichnet, warum das sinnvoll ist und welche Ausnahmen berücksichtigt werden müssen.«

Es ist wichtig, diese übergeordneten Fragen hinzuzufügen, denn an ihnen zeigt sich, ob du das zugrunde liegende Konzept verstanden oder ob du nur einzelne Schritte für die Lösung bestimmter Probleme auswendig gelernt hast.

Noch eines: Wenn es möglich ist, eine Probeklausur zu bekommen, kopiere sie dir und leg sie zu deinem Mega-Aufgabenpaket dazu. In den MINT-Fächern sind Probeklausuren eine super Sache, um sich auf Prüfungen vorzubereiten, und du wirst dich freuen, dass du schon eine zur Hand hast, wenn es so weit ist.

Bereite Erinnerungshilfen vor

Sowohl in den MINT- als auch in den sozial- und geisteswissenschaftlichen Fächern muss man Fakten auswendig lernen – Formeln, chemische Gleichungen, Kunstwerke, Daten oder Abläufe. Dafür sind Lernkarten das effizienteste Mittel. Fast alle Einserkandidaten, die ich interviewt habe, nannten Lernkarten als ihr Handwerkszeug für das Auswendiglernen. Glücklicherweise ist diese Technik einfach. Kauf ein Paket Karteikarten, schreib auf die Vorderseite die Frage und die Antwort auf die Rückseite. Diese Karten zu schreiben kann allerdings mehr Zeit in Anspruch nehmen, als man meint, daher ist es gut, früh damit anzufangen. Versuche, die Karten mindestens eine Woche, bevor du anfängst zu lernen, fertigzustellen. Diese Tätigkeit ist ziemlich langweilig – du kannst sie vor dem Fernseher machen – deshalb sollte es nicht zu schwierig sein, sie im Voraus Schritt für Schritt zu erledigen.

Organisiere deine Lerneinheiten vernünftig

Versuche nicht, am selben Tag deine Unterlagen zu organisieren und zu lernen. Wenn du dich auf eine Prüfung vorbereitest, sollte dein Hirn frisch sein, um alles geben zu können. Wenn du deine Lernmaterialien am selben Tag zusammensuchst, an dem du auch zu lernen anfängst, ist dein Gehirn zu erschöpft, um effektiv beides erledigen zu können. Trenne die beiden Schritte voneinander, um schnell voranzukommen. Das spart am Ende Zeit und das Ergebnis ist besser.

Schritt 4
Bezwinge das Material

Nun ist es an der Zeit, sich an die Arbeit zu machen. Seit Wochen nun hast du clevere Notizen gemacht und die wichtigsten Erkenntnisse aus dem Unterricht und aus deinen Aufgaben gesammelt. Du weißt, was alles bei der Prüfung drankommt, und hast die nötigen Informationen in Lernpakete oder Mega-Aufgabenpakete organisiert. Deine Lernkarten liegen zum Start bereit. Du bist ausgeruht. Du bist soweit. Es gibt nichts weiter zu tun als zu *lernen*. So, nun ist es raus.

Den letzten Schritt halten die meisten für die eigentliche Vorbereitung auf die Prüfung. Hiermit verbringen auch die meisten den Hauptanteil ihrer Zeit. Aber du gehörst nicht mehr zu den meisten Studis oder Schülerinnen – jedenfalls jetzt nicht mehr. All die Arbeit, die du bisher in die Vorbereitung hineingesteckt hast, sollte dazu beitragen, diesen einen Schritt so klein, unbedeutend und alltäglich zu machen wie möglich. Also, keine Sorge: In deinem Leben wird es zukünftig keine Nachtschichten mehr geben.

Im Folgenden zeige ich dir Methoden, wie du dir die bedrohliche Menge an Informationen so effizient wie möglich einprägen kannst.

Diese Techniken sind schnell, aber unbarmherzig effektiv. Hab Vertrauen und nutze sie. Sie erfüllen ihren Zweck, und zwar zackig.

Die Frage-und-Antwort-Technik

Gleichgültig, ob es um Philosophie oder Analysis geht, am effektivsten prägt man sich ein Konzept ein, indem man sich damit vertraut macht und dann versucht, es ohne Hilfsmittel mit seinen eigenen Worten zu erklären. Wenn du in der Lage bist, die Augen zu schließen und eine Argumentationslinie von null an zu erklären oder dir ein weißes Blatt Papier zu nehmen und eine Rechnung fehlerfrei aufzuschreiben, dann hast du dieses Konzept wirklich verstanden. Das läuft dir nicht mehr weg.

Das trifft allerdings *nicht* zu, wenn man sich einen Text nur noch mal durchliest. Diese passive Tätigkeit ist nicht dasselbe, wie etwas aktiv wiederzugeben. Die meisten (Berufs-)Schüler und Studentinnen verlassen sich darauf, dass es ausreicht, sich die Aufzeichnungen noch einmal durchzulesen. Aber es ist ein Trugschluss zu glauben, je häufiger man sich etwas durchliest, desto besser beherrscht man das Thema. Ryan, Einserkandidat vom Dartmouth College, warnt: »Einfach nur etwas durchzulesen funktioniert nicht. Man muss sich schon anstrengen, die Inhalte in den Kopf zu bekommen.«

Die Frage-und-Antwort-Technik in den sozial- und geisteswissenschaftlichen Fächern

Um diese Methode hier anzuwenden, musst du zunächst Fragen für jedes Kapitel in deinem Lernpaket formulieren. Doch glücklicherweise gibt es diese Fragen schon, denn wenn du die Schritte 1 und 2 befolgt hast, befinden sich alle deine Mitschriften bereits in einer Fragestellung/Beweis/Fazit-Struktur. Auf sie greifst du zurück, um zu jedem beliebigen

Lernpaket die entsprechenden Fragen zu erklären. Hier kannst du flexibel sein. Wenn es zum Beispiel um eine recht allgemeine Frage, etwa nur um einen breit gefassten Gedanken geht, mache daraus viele verschiedene, differenziertere Fragen, die zusammen alle wichtigen Punkte abdecken. Anders herum geht es genauso: Sind die Fragen sehr kleinteilig, verallgemeinere sie, so kannst du Platz und Zeit sparen. Bei diesem Vorgehen geht es nicht um Exaktheit. Das Ziel besteht allein darin, Fragen zu beantworten, die in den entsprechenden Paketen vorkommen. Wenn du in der Lage bist, alle Fragen zu beantworten, hast du die grundlegenden Ideen verstanden.

Nachdem du so die Fragen vorbereitet hast, um die einzelnen Themen zu erklären, geh jede einzelne durch. Für jede Frage versuchst du, das Fazit zu formulieren, und hebst besondere Beweise hervor. Dabei brauchst du nicht Wort für Wort wiedergeben, was in deinen Aufzeichnungen steht. Du solltest eine vernünftige Zusammenfassung der grundlegenden Idee vortragen und sie begründen können.

Und das Folgende ist jetzt wichtig: **Sag dir das nicht nur in Gedanken vor!** Wenn du für dich bist, spricht die Antworten laut und in ganzen Sätzen aus. Lydia vom Dartmouth College erklärt dazu: »Ich habe festgestellt, dass, wenn ich Dinge laut ausspreche und dabei umhergehe, ich sie mir viel besser merken kann.« Wenn es dir hilft, tu so, als würdest du einen Vortrag oder ein Referat zu dem Thema halten. Folge Lydias Ratschlag und lauf herum, während du die Fragen beantwortest. Bring deinen Kreislauf in Schwung. Mach dir im Hintergrund Musik an. Mach ein Event draus. Deine Lernunterlagen kannst du überall mit hinnehmen, auch dorthin, wo du einen ruhigen Platz findest, um zu lernen. In dieser Phase überlege, wo das sein könnte – außer der Bibliothek. Ich habe mit solchen Karten gearbeitet, als ich im Wald spazieren war. Einer der Studenten, die ich befragt habe, lernt auf dem Laufband. Sei kreativ. Lernen ist nicht gleichbedeutend damit, stundenlang an einem Schreibtisch zu sitzen.

Wenn es aber die Umstände nicht erlauben, laut vor sich hinzureden, weil noch andere da sind, kannst du deine Antworten aufschreiben.

»Eigentlich hat der körperliche Aspekt des Schreibens und die geistige Beschäftigung mit dem Thema normalerweise immer ausgereicht«, berichtet Melanie, Einserkandidatin vom Dartmouth College. Deine Antworten müssen in dieser Phase nicht vollkommen grammatikalisch korrekt und fehlerfrei sein, aber sie müssen alle wichtigen Informationen enthalten. Daran führt kein Weg vorbei. Wenn du die Antworten nicht alle ausgesprochen oder aufgeschrieben hast, hast du die Frage nicht vollständig beantwortet und musst später noch einmal ran.

Wenn du eine Antwort nicht oder nicht vollständig beantworten konntest, merk das an der Lernkarte an. Schau dir noch mal die entsprechenden Aufzeichnungen in deinem Lernpaket an, um dich an die richtigen Lösungen zu erinnern, und mach dann eine kurze Pause.

Dann gehst du noch einmal alle Karten durch, beschäftigst dich aber nur mit den Fragen, die du beim ersten Durchgang markiert hast. Die Fragen, mit denen du immer noch Probleme hast, markierst du erneut. Schau dir die dazugehörigen Antworten ein weiteres Mal an, um die richtigen Antworten zu erhalten. Mach erneut eine Pause. Fang wieder von vorne an, wieder schaust du dir nur die Karten an, deren Fragen du beim zweiten Durchgang nicht beantworten konntest und so weiter.

Wiederhol den Vorgang so lange, bis du einen Durchlauf mit allen Antworten schaffst. Dann bist du fertig!

Das Besondere an dieser Methode ist ihre Effizienz. Dabei beschäftigst du dich am wenigsten mit den Themen, die du schon gut beherschst, und konzentrierst dich ganz auf die Aspekte, die dir Schwierigkeiten machen. Außerdem weißt du genau, wann du aufhören kannst. Die Frage, wie lange du noch weiterlernen solltest, stellt sich hier nicht. Wenn du eine Runde ohne weitere Fragezeichen absolviert hast, bist du fertig und verschwendest nicht noch eine weitere Minute mit Lernen.

Viele Studierende und Schüler wundern sich, wie wenig Zeit diese Methode beansprucht. Sie haben das Gefühl, sie sollten sich noch weiter ihre Unterlagen anschauen, bis die Prüfung am nächsten Tag bevorsteht. Aber das ist unnötig! Die Frage-und-Antwort-Technik ist deshalb so nützlich, weil man mit ihr nicht immer wieder dieselben Informationen durchliest, die man schon im Kopf hat. Sobald du deine Antwort laut in ganzen Sätzen formuliert oder sie schwarz auf weiß aufgeschrieben hast, bleibt sie dir im Gedächtnis. Dartmouth-Student Chris erklärt: »[Diese Methode] braucht viel weniger Zeit, als man glaubt – einen Tag, um die Karten mit den Fragen fertigzustellen, und dann einige Stunden fürs Lernen.«

Die Frage-und-Antwort-Technik für MINT-Fächer

Diese Methode lässt sich auch auf naturwissenschaftliche Fächer und Informatik anwenden. Du hast ja schon deine Mega-Fragenpakete fertiggestellt, jetzt brauchst du die Aufgaben nur noch zu lösen. Fang mit den grundsätzlichen Fragen an: Wenn du die grundlegenden Konzepte begriffen hast, fällt es leichter, spezifische Fragen und Aufgaben zu lösen. Wie oben erwähnt, versuche jede Frage klar gegliedert und verständlich zu beantworten. Wenn möglich, sprich die Antwort laut aus, so als würdest du einen Vortrag halten, oder schreibe sie nachvollziehbar auf. Denke an alle wichtigen Details.

Wenn du mit den grundlegenden Erklärungen fertig bist, sind als Nächstes die Übungsaufgaben dran. Löse jede einzelne. Auch hier gilt: **Mach das nicht nur in deinem Kopf.** Worasom, Einserkandidat von der Brown University, betont: »Ich lese das Material nicht nur, sondern ich schreibe die wichtigen Gleichungen und Konzepte per Hand auf.« Deine Lösungen brauchen nicht so detailliert zu sein, als wäre es eine richtige Aufgabe, aber aus ihnen sollte klar hervorgehen, dass du weißt, was du tust. Wenn du nicht schlüssig erklären kannst, wie du auf eine Lösung gekommen bist, dann hast du das Problem noch nicht verstanden. Sei ehrlich zu dir selbst: Wenn du nur einfach auswendig gelernte Lösungen wiedergibst, dann kannst du keine unbekannten Aufgaben in einem Text oder in einer Klausur herleiten.

Wie oben beschrieben, markierst du dir die Fragen, die dir noch Schwierigkeiten bereiten. Arbeite die entsprechenden Lösungen noch einmal durch. Mach eine Pause. Wiederhole den Prozess, nur beantwortest du in der zweiten Runde nur diejenigen Fragen, die du dir in der ersten als schwierig markiert hast. Wiederhole das so lange, bis du einen Durchgang ohne offene Fragen absolviert hast. Tritt das ein, dann bist du fertig.

Doris von der Harvard University weist auf Folgendes hin, wenn man für ein MINT-Fach lernt: »Wenn Profs euch die Aufgaben von vergangenen Prüfungen zur Verfügung stellen, dann sind das tolle Übungsmöglichkeiten.« In diesem Fall solltest du zunächst die Frage-und-Antwort-Technik für alle Themen durchgeführt haben und dich dann an diese Aufgaben unter Prüfungsbedingungen machen: nur mit zugelassenen Hilfsmitteln und in der angegebenen Zeit. Das ist dann der letzte Durchgang, um zu schauen, ob du wirklich alle Konzepte begriffen hast. Wenn du einige der alten Prüfungsaufgaben nicht lösen kannst, schaue sie dir noch einmal ganz genau an. Wenn dir viele dieser Aufgaben Schwierigkeiten machen, dann ist in deiner bisherigen Vorbereitung etwas schiefgelaufen und du solltest deine Unterlagen noch einmal durchgehen. Spiel die Frage-und-Antwort-Technik noch einmal mit allen Fragen durch und stelle sicher, dass du jetzt auch wirklich alle Zwischenschritte verstanden hast. Wenn das auch noch nicht klappt, hole dir Unterstützung von einer Mitschülerin, einem Kommilitonen oder Tutor.

Auswendig lernen

Gibt es Lernstoff, den du wirklich auswendig lernen musst, wie etwa historische Daten, Namen, Chronologien oder Formeln, dann gibt es dafür leider keine Abkürzungen. Du musst die Lernkarten solange durchgehen, bis du immer die richtige Antwort parat hast, selbst wenn du die Karten durchmischt und die Reihenfolge durcheinanderbringst.

Auswendig lernen hängt sehr stark davon ab, wie viel Energie dein Gehirn zur Verfügung hat. Daher bringt es nichts, acht Stunden lang ununterbrochen zu büffeln. Lern stattdessen lieber eine Stunde lang und am besten nur eine oder zwei Stunden am Tag. Trenne die Lernerei von deinen anderen Aufgaben. Verteile diese Tätigkeit auf verschiedene Tage und halte dich nie zu lange an einem Stück mit deinen Karteikarten auf. Melanie vom Dartmouth College berichtet, dass einige ihrer Studienkollegen mit Karteikarten lernen, wann immer es passt – »beim Essen oder während sie irgendwo in der Schlange warten«. Das ist die effektivste Art und Weise, um anstrengendes Lernen durchzustehen und sich das nötige Wissen zu merken.

Schritt 5

Investiere in eine »Versicherung gegen Prüfungskatastrophen«

Eigentlich jeder kann eine Horrorstory von Prüfungen erzählen. Diese Geschichten fangen fast immer gleich an: Die erste Frage ist schnell beantwortet, man hat noch viel Zeit und fühlt sich eigentlich ganz gut. Dann sieht man sie – die Frage, auf die man absolut keine Antwort weiß. Die Seite leer zu lassen geht nicht, denn das würde die Endnote in den Keller ziehen. Und während man dasitzt und auf die Frage glotzt, verstreicht die Zeit. Von der anfänglichen Lässigkeit keine Spur mehr und Panik macht sich breit. Das nennt man eine Prüfungskatastrophe.

Gemeinhin heißt es, das sei manchmal nicht zu vermeiden. Niemand kann immer alles lernen und daher ist jeder einmal früher oder später dran. Aber aus Schritt 5 können wir eine Lehre ziehen: *Glaub das bloß nicht*.

Einserkandidaten haben einen Trick, üble Fragen zu umgehen, als hätten sie gegen solche Katastrophen eine Versicherung abgeschlossen. Irgendwie sind sie gefeit gegen das plötzliche Wiederauftauchen dieser abseitigen Themen, die einem entgehen, wenn man mal im Unterricht zwei Minuten nicht aufpasst. Doch eigentlich ist diese Versicherung nichts anderes als eine einfache Strategie: *Schaffe deine Fragezeichen aus dem Weg*. Diese Strategie lässt sich auch immer wieder das ganze Schuljahr oder Semester hindurch anwenden. Sie minimiert die Wahrscheinlichkeit wesentlich, dass du von einer unerwarteten Prüfungsfrage hinterrücks überrascht wirst.

Schaffe deine Fragezeichen aus dem Weg

In Schritt 1 ging es um clevere Techniken, im Unterricht mitzuschreiben. Falls du dich erinnerst, geht es dabei darum, immer dann ein Fragezeichen an den Rand zu schreiben, wenn du etwas nicht verstanden hast, wenn dir etwa die Schlussfolgerung nicht klar ist. Das passiert hin und wieder mal, sowohl in geistes- und sozialwissenschaftlichen als auch in den MINT-Fächern. Das passiert entweder dann, wenn du abgelenkt bist oder wenn die Lehrperson das Fazit nicht ausreichend erklärt hat.

Diese Fragezeichen sind gefährlich. Christine von der Harvard University sagt dazu, dass man mal einen Punkt in der Vorlesung nicht mitbekommen hat: »Du spielst mit der Möglichkeit, dass du in der Prüfung echt im Dunkeln tappst.« Das Szenario ist denkbar simpel: Im Verlauf des Semesters oder des Schuljahres entgehen dir ein paar Punkte und am Ende hast du eine Hand voll Fragezeichen in deinen Aufzeichnungen stehen. Wenn es Zeit ist, sich auf die Klausur vorzubereiten, gibt es mehr als genug grundlegende Gedanken, die du verstehst, und viele, die du dir noch mal anschauen musst, daher übergehst du die Themen, die mit einem Fragezeichen versehen sind. Zu Beginn der Klausur hast du das Gefühl, gut vorbereitet zu sein, doch wie es das Schicksal nun so will, erblickst du eine umfassende Frage, die sich auf ein bestimmtes Konzept bezieht. Und genau das hattest du übersprungen. *Ups.*

Damit das nicht geschieht, solltest du dafür sorgen, dass diese Fragezeichen verschwinden. **Dabei ist es entscheidend, dass du das machst, bevor du dich auf einen Test oder eine Klausur vorbereitest.** Wenn du diese Fragezeichen offen lässt und wartest, bis du zu lernen anfängst, brauchst du zu viel Zeit, um die fehlenden Informationen zusammenzusuchen. Viel neues Material von null an direkt vor der Prüfung zu lernen ist ein beliebter Fehler von durchschnittlichen Studis und Schülern – das willst du vermeiden.

Versuche stattdessen, diese Fragezeichen zu klären, sobald sie auftauchen. Wenn es dann Zeit ist, dich auf die Prüfung vorzubereiten, rät Robert, Einserkandidat von der Brown University, »solltest du zumindest eine grobe Ahnung von allen Themen haben, die bei der Prüfung abgefragt werden«. Das schaffst du mithilfe der vier folgenden Taktiken, die du regelmäßig anwenden solltest. Sie sind eine solide Hilfe bei offenen Fragen und ermöglichen es dir, die Lernphase mit einer Erklärung für *alle* relevanten Themen im Kopf zu beginnen.

- **Stelle im Unterricht Fragen**
  »Wenn du dir nicht sicher bist, frag einfach nach«, erklärt Worasom von der Brown University. Wenn dir ein Thema entgangen ist, melde dich und bitte um eine weitere Erklärung. Je häufiger du diese Fragezeichen unmittelbar auflöst, desto weniger Arbeit hast du später beim Lernen.

- **Gewöhne es dir an, mit der Lehrperson nach dem Unterricht kurz das Gespräch zu suchen**
  »Sprich den Prof nach der Stunde an oder schick ihm eine E-Mail, und bitte ihn, deine Fragen zu beantworten, die während seines Seminars aufgekommen sind«, schlägt Jason von der Penn University vor. Das ist nicht irgendwie seltsam, denn die meisten

Dozenten und Professorinnen bleiben noch fünf oder zehn Minuten im Raum, um letzte Fragen zu beantworten. Nutz das aus! Am Ende der Stunde solltest du zum Prof gehen und versuchen, so viele Fragezeichen wie möglich auszuräumen. Ergänze deine Aufzeichnungen sofort, damit du die Antworten nicht vergisst. Macht dich das zum Arschkriecher? Nein! Denn Arschkriecher sprechen den Prof nur an, um ihm zu erzählen, welchen Teil des Unterrichts sie besonders interessant fanden, oder um ihm ihre eigenen »brillanten« Einsichten zu präsentieren. Du hingegen hast eine Liste mit präzisen Fragen, die du gerne beantwortet hättest. Das ist intelligent, nicht schleimig.

- **Frag deine Mitschüler oder Mitstudierenden**
  James, Einserkandidat vom Dartmouth College rät: »Sprich mit anderen darüber, wenn dir etwas unklar ist. Schick eine E-Mail oder lauer ihnen nach dem Unterricht im Flur auf. Wenn sie das Thema durchschaut haben, kostet es sie nur ein paar Minuten, es dir zu erklären, solange sie es noch präsent haben.«

- **Bereite dich auf Arbeitstreffen vor der Prüfung vor**
  Wenn eine offizielle Klausurvorbereitung angeboten wird, geh hin und notiere dir vorher alle Fragen, die du noch zum Thema hast. Versuche, auf alle eine Antwort zu bekommen. Scheue nicht davor zurück, viele Fragen zu stellen und zu diskutieren, denn meistens gibt es in solchen Sitzungen zu *wenig* Fragen von Studierenden oder Lernenden. Daher wird sich die Professorin oder der Tutor über deine rege Beteiligung freuen.

Das Ziel dieser Defensivtaktiken ist es, deine Fragen zu beantworten, ohne noch mehr Zeit mit Lernen zu verbringen. Wenn es dir jedoch trotz großer Anstrengung nicht gelingen sollte, einige Aspekte klären zu können, bleibt dir als Letztes noch, die jeweiligen Texte querzulesen. Zu diesem Zeitpunkt ist es unwahrscheinlich, dass du Details nachschlagen und studieren kannst. Und selbst wenn du das tätest, würde es zu viel Zeit in Anspruch nehmen. (Nicht vergessen: Einserkandidaten vermeiden es, lange zu büffeln.) Schlag jeden der noch offenen Punkte nach und schau drüber, damit du zumindest *etwas* dazu sagen kannst. Selbst auf die geringe Gefahr hin, dass tatsächlich dieses Thema drankommt, kannst du etwas schreiben und musst kein leeres Blatt Papier abgeben. Dennoch gilt es, diese gefährliche Situation zu vermeiden, also halte dich an die ersten vier Strategien, um so wenig Fragen wie möglich zu haben, wenn du zu lernen beginnst.

Schritt 6
Eins-Plus-Antworten bereitstellen

Der letzte Schritt auf dem Weg zur Eins ist natürlich, den Test, die Klausur oder Arbeit zu schreiben. Viele meinen, die Vorbereitung sei alles, und die schriftliche Arbeit dient nur dazu, zu zeigen, was man drauf hat. Das ist ganz schön riskant. Warum? *Selbst jemand, der extrem gut vorbereitet ist, kann eine Arbeit verhauen, weil er oder sie unter Druck schlecht funktioniert.*

Bei einer Prüfung gibt es viele Stolpersteine, zu den häufigsten gehören: 1. Die Zeit reicht nicht aus. 2. Die Antwort, selbst wenn sie detailliert ist, geht nicht auf alle Aspekte der Frage ein. Meist stehen diese beiden Gefahren in einem vertrackten Gleichgewicht zueinander und sind deshalb so schwer zu überlisten. Denn wenn man versucht, sich bei einer Frage nicht zu lange aufzuhalten, ist es gut möglich, dass die Antworten unvollständig sind. Wenn man auf der anderen Seite versucht, möglichst viel Details in einer Antwort unterzubringen, reicht die Zeit wahrscheinlich nicht aus.

Das klingt nach einer ausweglosen Situation, aber so schlimm ist es nicht. Mit der richtigen Strategie stellt das keine Gefahr mehr da und am Ende entspricht die Note deinen Vorbereitungen. Einserkandidaten ist dieser Punkt sehr bewusst. Auf meine Fragen diesbezüglich gingen sie sehr detailliert ein, was beweist, dass dieser letzte Schritt für sie nicht nur eine Formalität ist. Sie haben Respekt vor Prüfungen, nur so kommen sie zu ihren guten Noten.

Ihre Tipps habe ich in fünf Strategien zusammengefasst. Zusammengenommen wirst du mit diesen fein abgestimmten Vorgehensweisen die maximale Leistung erbringen. Wenn du diese Regeln bei jeder Prüfung befolgst, wirst du dich in eine wahre Prüfungsmaschine verwandeln: Jede Antwort wirst du entspannt, selbstbewusst und unbarmherzig effizient zu Papier bringen – und zwar auf optimale Weise.

Strategie 1: Erst lesen, dann antworten

»Als Erstes lese ich mir alle Aufgaben durch«, berichtet Robert von der Brown University. Das ist ein unschätzbarer Hinweis für alle Prüfungsarten – als Erstes solltest du dir einen Überblick über alle Fragen verschaffen. Handelt es sich um einen Aufsatz oder eine Prüfung in den MINT-Fächern, ist die Anzahl der Fragen begrenzt, lies sie gründlich durch. Geht es um einen Multiple-Choice-Test oder liegen viele Aufgaben vor, lies die Fragen quer, um einen Eindruck zu bekommen, welche Themen behandelt werden.

Diese Übersicht gibt dir ein Gefühl dafür, wie umfangreich und wie schwierig die Fragen sind. Außerdem wird dein Gehirn dazu angeregt, sich mit diesen Themen auseinanderzusetzen. »Schau dir immer erst alle Fragen an«, rät Anna vom Dartmouth College. »Dadurch beschäftigt sich das Gehirn schon im Hintergrund mit allen Themen, selbst wenn du dich nur auf eine bestimmte Frage konzentrierst.« Das heißt, wenn du dich intensiv mit einer Frage auseinandersetzt, arbeitet ein anderer Bereich deines Gehirns bereits an den anderen Themen und beginnt, Informationen für spätere Aufgaben vorzubereiten. Das passiert tatsächlich und hilft dir, die folgenden Fragen schneller zu beantworten.

Schließlich, und das ist wahrscheinlich noch wichtiger, hilft dir dieser erste Schritt, dich zu entspannen.

Bevor die Prüfungsunterlagen verteilt werden, steigt der Stresspegel in einem Klassenraum oder Hörsaal. Jetzt geht es um alles. Nach monatelangen Vorbereitungen ist es nun so weit. Und du hast nur wenige Stunden Zeit, um zu zeigen, was du alles kannst, und für deine Abschlussnote alles zu geben. Jetzt schießen einem solche Fragen durch den Kopf: Habe ich wirklich alles gelernt, was drankommen wird? Habe ich wichtige Punkte vergessen? Was, wenn die Frage sich um ein Thema dreht, von dem ich keine Ahnung habe? Wenn ich eine Frage nicht beantworte, was passiert dann? Allein daran zu denken, führt bei den meisten Studienanfängern zu einem Schweißausbruch.

Wenn man jedoch in den ersten Minuten die Prüfungsfragen sorgfältig durchliest, wird diese Dynamik durchbrochen. Du beschäftigst dich in sinnvoller Weise mit etwas, ohne in diesem Moment jede Frage beantworten zu müssen. Sobald du damit fertig bist und ein Gefühl dafür hast, was da auf dich zukommt, ist die Prüfung weniger bedrohlich. Du kennst die Fragen, und (hoffentlich) sind sie alle zu bewältigen. Jetzt kannst du dir sagen: *Okay, vielleicht ist das alles gar nicht so schlimm.* Du schöpfst Selbstbewusstsein, dein Herz schlägt langsamer, der Stress legt sich ein wenig. Jetzt kannst du dich voll und ganz darauf konzentrieren, hervorragende Antworten zu formulieren.

Strategie 2: Plane deine Zeit

Diese Strategie funktioniert nicht in allen Fächern und in allen Prüfungsformen, aber zum Beispiel bei Multiple-Choice-Tests kann sie sinnvoll sein. In diesen Fällen vermeidest du, in Zeitnot zu geraten und das Vorgehen hilft dir, dich zu konzentrieren. Im Verlauf der Prüfung solltest du immer wissen, wie viele Minuten du noch für die verbleibenden Fragen hast, bevor du weitermachen musst. Doris von der Harvard University sagt dazu: »Ich lege vorher sehr strikte Zeitrahmen für jede Frage fest.« Diese Strategie hilft dir, Zeitprobleme zu vermeiden; sie sorgt dafür, dass du dich konzentrierst, und verhindert, dass du zu viel Zeit mit einer bestimmten Frage verbringst.

Entscheidend ist dabei, ein Zeitbudget zu erstellen. Rechne von der Gesamtzeit zunächst zehn Minuten ab und dividiere den Rest der Zeit durch die Anzahl der Fragen – schon hast du den Zeitrahmen, der dir für jede einzelne Frage zur Verfügung steht.

Wie gehst du nun weiter vor? Notiere dir bei einer Prüfung, die wenig Fragen umfasst, am Seitenrand die Zeitspanne, die du zur Beantwortung jeder Frage berechnet hast. Bei langen Prüfungen unterteilst du diese am besten in vier Teile und notierst dir dann die Zeit, die du zur Lösung jedes Teils benötigst. In beiden Fällen wird dir die notierte Zeit dabei helfen, den Überblick zu behalten, wie weit dein aktueller Fortschritt mit dem vorgegebenen Zeitplan übereinstimmt. Aber diese Strategie funktioniert nur bei bestimmten Aufgabenstellungen.

Du fragst dich jetzt wahrscheinlich, wofür wir die zehn Minuten zu Beginn abgezogen haben. Sie dienen als Sicherheitspuffer. Du brauchst sie, um hie und da einige Antworten am Ende noch einmal zu überprüfen oder um noch ein paar Anmerkungen zu Aufgaben zu ergänzen, bei deren Lösung du dich beeilt hast.

Strategie 3: Erst die leichten Fragen, dann die schwierigen

Einserkandidaten beantworten die Prüfungsfragen fast nie in der Reihenfolge, in der sie gestellt werden. Viele Jahrgänge haben herumexperimentiert und sind zu dem Schluss gekommen, dass es am effektivsten ist, zunächst die leichtesten Fragen zu beantworten und dann die schwierigeren anzugehen. Genau das solltest du auch tun. Beginn mit der Frage, zu der du gleich Zugang hast, bevor du dich um die schwierigeren kümmerst. Mach dir keine Sorgen darüber, falls du zwischen den Fragen hin- und herspringst. In den meisten Fällen ist die angegebene Reihenfolge gleichgültig.

Der Vorteil dieser Strategie besteht darin, dass du dich als Erstes auf die Fragen konzentrierst, über deren Thema du am besten Bescheid weißt. Das stellt sicher, dass du hier die größte Punktzahl bekommen wirst. Damit hast du auch eine bessere Chance, die schwierigeren Fragen erfolgreich zu beantworten. »Ich überspringe immer die Aufgaben, die sich mir nicht sofort erschließen«, berichtet Ryan vom Dartmouth College. »So behalte ich einen klaren Kopf für die Beantwortung anderer Fragen und hoffentlich kommt dann mein Gedächtnis in die Gänge.«

Fällt dir eine Frage zu Beginn der Prüfung auf, die dir schwierig erscheint, reagierst du instinktiv erst einmal mit Panik. Es sind noch so viele Fragen zu beantworten, und du spürst förmlich die Zeit zerrinnen, während du vor dieser Hürde stehst. Dann ist es schwierig, sich wieder zu sammeln und die Energie darauf zu richten, so viele Punkte wie möglich mit den anderen leichteren Aufgaben zu sammeln.

Wenn du dir die schwierigen Aufgaben bis zum Schluss aufhebst, dann ist die Situation längst nicht mehr so fatal. Du hast alle anderen Fragen beantwortet, und jetzt hast du Zeit, dich mit dieser harten Nuss zu beschäftigen. Meist scheint die Hürde jetzt nicht mehr so riesig, die mentale Blockade ist gemindert. Da keine anderen Aufgaben mehr im Hintergrund lauern, kannst du diese entspannter angehen. Vielleicht kennst du nicht die *beste* Antwort, aber du bist in der Lage, in relativer Ruhe eine *vernünftige* Auskunft zu produzieren. Weil du mit allem anderen durch bist, kannst du die restliche Zeit darauf verwenden, hier noch einmal zu überlegen und deine Antwort noch ein wenig aufzupolieren.

Angesichts deiner Vorbereitung lieferst du hier die beste Antwort ab, die dir einfällt.

Strategie 4: Gliedere deinen Aufsatz

Wenn es darum geht, eine Frage in Form eines Aufsatzes oder Essays zu beantworten, fang nicht einfach zu schreiben an, und schau dann, wie es weitergeht. Solch ein planloses Vorgehen führt dazu, dass deine Antwort chaotisch und konzeptlos ausfällt. Zunächst solltest du daher ganz kurz deine Ideen in einer Gliederung ordnen. Das mag vielleicht wie eine Zeitverschwendung wirken, aber prinzipiell ist dieser Schritt unverzichtbar.

Als Erstes liest du die Fragestellung noch einmal gründlich durch. Matthew von der Brown University sagt dazu: »Normalerweise kann man aus einer übergeordneten Frage drei oder vier kleinere Fragen formulieren.« Unterstreiche diese Aspekte in der Ausgangsfrage, damit du später genug Material für deine Antwort hast und nichts vergisst. »Danach sollte man kurz auf Papier (nicht nur im Kopf) festlegen, wie man sein Wissen niederschreiben möchte, um diese kleineren Fragen zu beantworten.« Dazu schreibst du alle Punkte, die dir zu der Frage einfallen, auf den Rand des Aufgabenzettels. Dabei reichen ein paar Stichworte, das spart Zeit und Platz. Wenn du zum Beispiel eine Aussage des Autors Robert Caro, der sich mit den Ansichten von Lyndon Johnson zum Thema Rassenbeziehungen auseinandergesetzt hat, aufführen willst, dann kannst du notieren: »Caro: Rasse.«

Im nächsten Schritt schaust du dir noch einmal die einzelnen Aspekte der Frage an. Vergewissere dich, dass du alle notierten Punkte auch wirklich abgedeckt hast. Wenn du sicher bist, dass du alle wichtigen Informationen für den Aufsatz abgedeckt hast, nummeriere sie in der Reihenfolge durch, in der du sie niederschreiben willst.

Erst dann solltest du anfangen, deinen Aufsatz zu formulieren. Die Gliederung hast du ja schon, alles andere sollte danach reibungslos laufen. Nun kannst du die Frage umfassend beantworten, indem du alle Informationen, die du im Kopf hast, miteinbeziehst.

Strategie 5: Kontrolliere deine Antworten

»Zum Schluss lese ich mir immer noch mal durch, was ich geschrieben habe«, erklärt Dartmouth-Student Chris. Wenn man fertig ist und noch ein wenig Zeit ist (wenn man Glück hat), sollte man Chris' Ratschlag beherzigen und sich seine Antworten noch einmal genau ansehen. Du wirst überrascht sein, wie oft bei dieser letzten Durchsicht noch ein Fehler auftaucht oder du entdeckst, dass du ein wichtiges Konzept nicht benannt hast, das eigentlich zur Antwort dazugehört.

Wenn du nach dem ersten Kontrolldurchgang immer noch Zeit hast, fang noch mal von vorne an. Wenn es eine Frage gibt, bei der du dir nicht so ganz sicher warst, wie die Antwort lautet, hast du jetzt noch einmal Gelegenheit dazu, Details zu überprüfen und die Antwort wo nötig noch zu verbessern. Keine Sorge: Pfeile und Einfügezeichen sind okay, um noch etwas einzufügen, insbesondere bei Klausuren der mathematischen oder naturwissenschaftlichen Fächer. Bei Prüfungen zählt nicht die Form, sondern der Inhalt.

Viele sind versucht, freudig nach vorn zu stolzieren und früher abzugeben, damit auch alle mitbekommen, dass man schon fertig ist. Aber abgesehen von neidischen Blicken deiner Kommilitonen oder Mitschülerinnen bringt das gar nichts. Auch noch in der allerletzten Minute die eigene Arbeit nochmals zu überprüfen entscheidet häufig über eine gute oder eine sehr gute Note.

Von der Theorie in die Praxis

Schauen wir uns im Folgenden mal an, wie die Tipps aus Teil 2 in der Praxis umgesetzt werden. Anhand von zwei Fallbeispielen zeige ich auf, wie fiktionale Einserkandidaten sich auf die Prüfung vorbereiten. Wie du sehen wirst, haben beide auch mit Fallstricken zu kämpfen. Beispielsweise muss Julie am selben Tag, an dem die Prüfung ist, auch eine Hausarbeit abgeben, sodass sie nicht das ganze Wochenende zur Verfügung hat, sich ausschließlich auf die Klausur vorzubereiten. Und Michael fängt erst wenige Tage vor der Prüfung mit den Vorbereitungen an.

Es kommt hier darauf an, wie flexibel die beiden die Tipps aus diesem Buch anwenden. Darum geht es nämlich in diesen Fallbeispielen: *Eine Struktur, um sich auf eine Prüfung vorzubereiten, bringt nur dann etwas, wenn man sie an die individuelle Situation anpassen kann.* Unsere beiden Studis schaffen es in den Beispielen, ihre Prüfungsvorbereitung in ihren bereits hektischen Alltag zu integrieren, ohne schwer büffeln, eine Nachtschicht einlegen oder gar viele Stunden mehr täglich lernen zu müssen.

Fallbeispiel #1: Julies Zwischenprüfung in Geschichte

Julies Endnote basiert auf einer schriftlichen Zwischenprüfung, der Klausur und einer Hausarbeit. Deswegen ist es wichtig, dass sie sich gut auf die Zwischenprüfung vorbereitet. Julies Zeitplan für ihre Vorbereitungen zeigt dir, wie sie die nötigen Vorbereitungen über zwei Wochen verteilt, um in der Prüfung gut abzuschneiden.

Montag: Noch zwei Wochen bis zur Prüfung

In der Vorlesung beginnt der Professor damit, die anstehende Klausur kurz anzusprechen. Julie nutzt diese Gelegenheit, um nach den Inhalten und Eckdaten zu fragen. Folgende Angaben erhält sie von ihrem Professor:

- Die Klausur besteht hauptsächlich aus Textfragen. Die Themen sind unterschiedlich, aber alle sind zuvor in der Literatur behandelt worden.
- Außerdem gibt es eine Aufgabe, in der verschiedene historische Ereignisse, die in der Vorlesung behandelt wurden, von den Studenten in die richtige chronologische Reihenfolge gebracht werden müssen.

Julie weiß jetzt so ungefähr, was sie erwartet. Daraufhin kann sie einen groben Lernplan erstellen. Allerdings hat sie das Problem, dass sie am Prüfungstag auch noch eine Hausarbeit für ein anderes Seminar abgeben muss! Deshalb kann sie das Wochenende vor der Prüfung nicht vollständig zum Lernen einplanen (wie es wohl die meisten Studierenden tun würden). Sie muss sich also etwas anderes ausdenken, um alles rechtzeitig zu bewältigen.

Daher beschließt Julie, am nächsten Wochenende (etwas mehr als eine Woche vor der Klausur) mit den Vorbereitungen anzufangen. An diesem Wochenende nimmt sie sich vor, alle ihre Unterlagen zu organisieren, was nicht viel Zeit in Anspruch nehmen wird. In der Woche darauf wird sie die Unterlagen sichten und auf ihrer Grundlage lernen. Dabei wird sie das Material aufteilen, damit sie jeden Tag ein wenig vorankommt und gleichzeitig nicht mit ihren anderen Aufgaben hinterherhinkt. Mehr Zeit zum Lernen hat sie nicht. Hierbei ist bemerkenswert, dass sie das Wochenende direkt vor der Prüfung nicht miteinplant, weil sie sowohl am Samstag als auch am Sonntag wahrscheinlich damit beschäftigt sein wird, die Hausarbeit zu schreiben.

Um ihren Plan umzusetzen, trägt sie in ihren Kalender jeden Tag ein, was sie fertigmachen will, wie in Teil 1 beschrieben. Das sorgt dafür, dass sie sich nicht stresst – die meisten Studierenden und Lernenden setzt es sehr unter Druck, sich ständig zu fragen, wann sie lernen sollten und ob ihnen noch genügend Zeit bleibt. Das betrifft Julie hingegen nicht. Sie orientiert sich jeden Morgen an ihrem Kalendereintrag, in dem steht, wie viel Zeit sie mit der Prüfungsvorbereitung verbringen wird.

Samstag: Noch neun Tage

Julie ist schwer beschäftigt. Wie an den meisten Wochenenden muss sie Dinge für die Uni vorbereiten, die sie am Montag abgeben muss, und außerdem hat sie am Samstagabend Großes vor, also ist nicht viel Zeit.

Ihr Ziel für dieses Wochenende heißt also, die Unterlagen für die Zwischenprüfung zu sortieren, das ist nicht weiter anstrengend. (Außerdem hofft Julie, sich trotz der Arbeit an diesen beiden Tagen *etwas* entspannen zu können.) Sie schaut in den Kalender: Heute (Samstag) muss sie die wichtigsten Unterlagen im Copy Shop kopieren oder ausdrucken und sich eine Gedächtnisstütze für die Übung mit der chronologischen

Reihenfolge überlegen. Morgen (Sonntag) wird sie sich darauf konzentrieren, Lernkarten zu schreiben.

Zunächst hält sich Julie eine Stunde vor dem Mittagessen frei, um die Mitschriften von der ersten Seminarhälfte und Notizen zu den gelesenen Texten auszudrucken. Sie nimmt die Ausdrucke, klemmt sie in einen Ordner und trifft sich mit Freundinnen zum Essen.

Am Nachmittag nimmt sie sich noch eine halbe Stunde Zeit, um Lernkarten zu erstellen, mit denen sie für die Chronologie lernen kann. Glücklicherweise tauchen alle Ereignisse, die in dem Seminar genannt worden sind, auch im Lehrbuch auf. Obwohl die meisten viel detaillierter in den Lektüreaufgaben berücksichtigt worden sind, reicht ein flüchtiger Blick in dieses Lehrbuch aus, um eine Liste mit den wichtigen Ereignissen (und ihren jeweiligen Daten) zu erstellen. Pro Ereignis schreibt sie das betreffende Stichwort auf die Vorderseite und notiert das dazugehörige Datum auf der Rückseite.

Sonntag: Noch acht Tage

Nach einer ereignisreichen Nacht wacht Julie leicht verkatert am Vormittag auf. Sie hievt sich aus dem Bett, schnappt sich ihren Laptop, ihren Ordner mit den Ausdrucken, holt sich einen Kaffee und sucht eine ihrer Lieblingsecken zum Lernen auf. Da es verhältnismäßig früh am Sonntag ist (jedenfalls nach studentischem Standard), ist die Bibliothek recht leer – genau richtig.

Als Erstes sortiert Julie ihre Notizen nach Themenschwerpunkten. Natürlich passen einige der Unterlagen zu verschiedenen Themenfeldern. Das ist okay, bei den unterschiedlichen Stapeln geht es nur darum, das Material in eine grobe Ordnung zu bringen. Sie müssen nicht perfekt sein. Am Ende sind es sechs Stapel, aus denen Julies Lernpaket für die Zwischenprüfung besteht.

Julie geht dann durch den ersten Stapel und formuliert aus dem Material Fragestellungen, die sie in den Laptop tippt. Manchmal schreibt sie die Fragen direkt aus ihren Mitschriften ab, oder sie fasst mehrere kleine Fragen zu einer übergeordneten zusammen. Eigentlich spielt es keine so große Rolle, wie sie formuliert sind, wichtig ist jedoch, dass sie jedes behandelte Thema aus den Notizen mehr oder weniger aufgreifen. Nach ungefähr eineinhalb Stunden hat Julie Fragen für die ersten drei der sechs Lernpakete erfasst.

Sie geht zum Mittagessen und macht am Nachmittag weiter. Nach ungefähr zwei Stunden hat sie alle Fragen zusammen. Danach druckt sie die Fragen aus und legt sie zu den jeweiligen Paketen.

Obwohl sie sich für heute nur vorgenommen hatte, die Unterlagen zu sortieren, hat Julie beim Schreiben der Fragen fast das gesamte relevante Material gesichtet. Das ist ein wichtiger erster Schritt, um die wichtigen Informationen zu verinnerlichen.

Montag bis Freitag: Die Woche vor der Prüfung

Am Montag, wie es in ihrem Kalender steht, verbringt Julie zwei Stunden damit, auf und ab zu gehen und einem fiktiven Kurs die Inhalte der ersten zwei Lernpakete durch Fragen und Antworten nahezubringen. (Wir müssen nicht erwähnen, dass sie gewartet hat, bis ihre Mitbewohnerin zur Uni gefahren ist, bevor sie mit ihrem Vortrag begonnen hat.) Am Dienstag lernt sie eine Dreiviertelstunde lang mit den Karteikarten. Zwei Stunden lang am Mittwoch nimmt sie sich die beiden nächsten Lernpakete vor. Am Donnerstag arbeitet sie wieder eine Stunde lang mit den Karteikarten. Und am Freitag nimmt sie sich zwei Stunden Zeit, um die beiden letzten Lernpakete mithilfe der Karteikarten zu lernen.

Obwohl Julie schon lange vorher alle Fragezeichen in ihren Unterlagen, entsprechend der Vorgehensweise in Schritt 5 (Versicherung gegen Prüfungskatastrophen), entfernt hat, sind noch einige wenige Fragen offen, auf die sie noch keine befriedigenden Antworten hat. Diese Fragen notiert sie sich getrennt und nimmt sich vor, sich später darum zu kümmern.

Samstag: Noch zwei Tage

Julie hatte zwar gehofft, mit dem Lernen bis heute fertig zu sein, aber die Woche verlief stressiger als geahnt, also muss sie sich noch einmal hinsetzen. Weil sie am Montag eine Hausarbeit abgeben muss, hat sie heute nicht mehr als eine Stunde, um für die Prüfung zu lernen. Sie durchläuft die Schritte gegen mögliche Prüfungskatastrophen: Jede Frage, auf die sie keine zufriedenstellende Antwort weiß, schickt sie per E-Mail an Kommilitonen und bittet sie um Hilfe.

Bis abends sind die Antworten auf den Großteil ihrer Fragen eingegangen, einige mehr, andere weniger detailliert. Zwar ist sie nicht übermäßig optimistisch, was einige Fragen betrifft, aber zumindest kann sie etwas aufschreiben, falls die Themen abgefragt werden.

Montag: Prüfungstag

Während die meisten ihrer Kommilitonen das gesamte Wochenende gebüffelt haben, hat Julie nichts weiter gemacht, als ein paar E-Mails zu verschicken, sodass sie sich voll und ganz auf ihre Hausarbeit in dem anderen Fach konzentrieren konnte. Nun, am Tag X, muss sie sich nicht mehr großartig vorbereiten. Am Vormittag beschäftigt sie sich noch ein wenig mit den Lernkarten nach dem Zufallsprinzip. Auch einige der anderen Fragen und Antworten schaut sie sich noch an, um ihr Selbstbewusstsein zu steigern. Julie ist ausgeruht und es kann losgehen.

Schließlich kommt die Prüfung, Julie weiß genau, wie sie vorgehen will. Sie fängt mit der Chronologie an und bringt die Ereignisse in ihre Reihenfolge. Durch die Lernkarten ist sie darauf gut vorbereitet. Danach liest sie sich die Fragen für den Textteil der Aufgabe durch. Sie kalkuliert kurz die verbleibende Zeit und fängt mit der leichtesten Frage an. Aufgrund ihrer Vorbereitung kann sie die Fragen fundiert und präzise beantworten, ohne lange überlegen zu müssen, was sie noch schreiben kann. Für jede Frage kann sie auf verschiedene Quellen zurückgreifen, und da sie sich zuvor so gründlich mit den relevanten Informationen auseinandergesetzt hat, kann sie einige Argumente sogar wörtlich niederschreiben. Außerdem hat sie für jede Frage eine grobe Gliederung erstellt, sodass sie so viele Informationen wie möglich zu der betreffenden Antwort beitragen kann, die alle Teile des Themas abdecken.

Das Ergebnis

Julie hat die Chronologie korrekt wiedergegeben und hat die Textfragen vollständig und detailliert beantwortet. Natürlich bekommt sie dafür eine Eins. Das überrascht sie keineswegs. Im Gespräch mit ihren Freunden, die darüber jammern, dass sie eine Zwei bekommen haben, obwohl sie das ganze Wochenende »gebüffelt« hatten, geht Julie großzügig darüber hinweg, dass sie an diesem Wochenende insgesamt nur eine Stunde und die Tage davor ebenfalls nur wenige Stunden gelernt hat.

Fallbeispiel #2: Michaels Analysis-Klausur

Michael besucht ein Analysis-Seminar, und ganz ehrlich – das Thema gefällt ihm nicht sonderlich. Aber es handelt es sich um eine Pflichtveranstaltung, deshalb besucht er sie wohl oder übel – wie die meisten seiner Kommilitonen. Die Benotung für dieses Seminar basiert auf drei Klausuren und einigen Aufgabenblättern. Im Folgenden schauen wir, wie Michael unser Lernsystem nutzt, um seine mangelnde Begeisterung für das Thema zu überwinden und eine gute Note zu bekommen, ohne dass er zu sehr dafür leiden muss.

Montag: Noch vier Tage

Ja, die Klausur findet in weniger als einer Woche statt. Wie wir uns vielleicht erinnern, hat Julie zu diesem Zeitpunkt schon einige Vorbereitungen für ihre Prüfung getroffen. Aber hier gilt es drei Aspekte zu berücksichtigen: Erstens, diese Klausur ist für Michael nicht so wichtig, wie die Zwischenprüfung es für Julie war. Hier geht es nur um ein Drittel der Lehrinhalte, daher ist ihre Bedeutung für die Endnote nicht so gravierend. Schließlich gibt es noch zwei weitere Klausuren und Aufgabenblätter. Zweitens gibt es einige Menschen, die den Prüfungstermin manchmal (okay, häufig) auf sich zukommen lassen. Wenn du den ersten Teil des Buches gelesen hast, weißt du, dass das nicht zu häufig vorkommen sollte. Aber es ist wichtig, zu erkennen, wie das Einserkandidatensystem auch auf kurzfristige Lernphasen angepasst werden kann. Schließlich dürfen wir nicht vergessen, dass Julie an ihrem Prüfungstag auch noch die Abgabe einer Hausarbeit hatte, also musste sie stärker darauf achten, wie sie ihre Lernzeiten auf verschiedene Tage verteilt.

Weil Mathematikprofessoren dazu neigen, präzise Angaben zu machen, braucht Michael nicht nachzufragen, worum es in der Klausur geht. Diese Informationen lassen sich auch im Studienplan nachlesen. Die Klausur wird alles abdecken, was der Kurs bis zum vergangenen Freitag durchgenommen hat, an dem der Professor auch das letzte Aufgabenblatt zurückgegeben hat.

Wie man sich vorstellen kann, stresst Michael die Tatsache, dass die Klausur so bald ist, dann doch ein wenig. Aber da er unser System kennt, lässt er sich nicht übermäßig aus der Ruhe bringen. Er weiß, dass der nächste Schritt darin besteht, seine Unterlagen und Informationen zu ordnen. Und genau das wird er heute Abend machen. Folgendermaßen will er vorgehen:

Die Klausur behandelt die ersten vier Wochen des Semesters. Weil Michael jede Woche ein Aufgabenblatt zu lösen hatte, liegen ihm jetzt vier benotete vor, die er zu seinem Mega-Aufgabenpaket zusammenfassen kann. Dafür sucht er aus seinen Aufzeichnungen zusätzliche Aufgaben heraus und ordnet sie den benoteten Aufgaben zu. Der Strategie 3 nach, nimmt er sich ein leeres Blatt Papier für jede der vier Wochen. Er blättert seinen Collegeblock durch und notiert Übungsaufgaben zu den jeweiligen Aufgabenblättern hinzu. Achtung: Michael schreibt immer das Datum dazu, an dem die Übung in dem Seminar drangekommen ist. So kann er Hinweise auf Erklärungen in dem Lehrbuch leichter finden. Schließlich heftet er diese Seite an die entsprechende Aufgabensammlung.

Am Ende hat Michael also vier Mega-Aufgabenpakete. Sie bestehen jeweils aus der benoteten Übung sowie einem Blatt mit Beispielaufgaben aus seinen Mitschriften.

In einem letzten Schritt überlegt er sich übergeordnete Fragen zu den mathematischen Problemen. Beispielsweise ging es in der ersten Semesterwoche um Ableitungen einzelner Variablen. Darauf basierend formuliert Michael folgende allgemeine Fragestellung für sein Mega-Aufgabenpaket: *»Erläutern Sie, was eine Ableitung ist, was sie beschreibt und die allgemeine Herangehensweise zur Berechnung bei einer gegebenen Funktion.«*

Denk daran, dass diese allgemeinen Fragen entscheidend sind, denn ohne sie besteht die Gefahr, dass du die Lösung zu einzelnen Aufgaben lernst, aber nicht die Technik, die dahintersteht und die sich auf alle anderen Aufgaben derselben Art anwenden lässt. Damit hast du das Werkzeug, auch dir unbekannte Aufgaben zu lösen, die dir in einer Klausur gestellt werden.

Da Michael die Aufgaben von nur vier Wochen organisieren muss, braucht er für diesen Schritt nur eine Stunde. Weil es nicht sinnvoll ist, am selben Tag Material zusammenzustellen und zu lernen, hört Michael jetzt auf und macht am nächsten Tag weiter.

Dienstag: Noch drei Tage

Michaels erstes Seminar beginnt um 11.15 Uhr, doch er schält sich schon um 8.30 Uhr aus dem Bett, um noch zwei Stunden zu lernen, bevor der

Tag so richtig anfängt. Das ist insofern wichtig, weil er am Nachmittag und Abend viel vor hat. Wenn er also nicht am Morgen lernt, fürchtet Michael, dass die Zeit zu knapp wird. Er glaubt auch an unsere Philosophie, dass es immer einen Versuch wert ist, so viel Arbeit so früh wie möglich zu erledigen, weshalb ihm seine Entscheidung nicht schwerfällt.

Gegen 9 Uhr sitzt Michael schon in seiner Lieblingsecke – einer vergessenen Nische in der Bibliothek des Fachbereichs Ingenieurwissenschaften. Zu Hause hat er eine Schale Müsli gegessen und sich dann noch einen Kaffee geholt, also kann es jetzt richtig losgehen.

Jetzt geht es um die Frage-und-Antwort-Technik. Michael versucht die Lösungen für jede Aufgabe aus dem ersten Mega-Aufgabenpaket zu finden. Dazu nimmt er ein leeres Blatt Papier, auf dem er die wichtigen Lösungsschritte für jede Aufgabe notiert. Für die übergeordnete Frage tigert er die Bücherregale auf und ab und erklärt die Lösung leise im Flüsterton. Nach seinem ersten Durchgang macht er eine Pause für zehn Minuten und schaut sich dann noch einmal die Aufgaben an, mit denen er Schwierigkeiten hatte. Er macht solange weiter, bis er jede Fragestellung beantworten kann. Weil er die Frage-und-Antwort-Technik verwendet, konzentriert er sich auf das Wesentliche und lernt effizient. Daher verbringt er die meiste Zeit mit den Aufgaben, die er schwierig findet, und die geringste Zeit mit denen, die er aus dem Effeff beherrscht.

Mittwoch: Noch zwei Tage

Die Klausur ist in zwei Tagen und Michael muss noch das Material von drei weiteren Wochen lernen. Als ihm klar wird, dass es jetzt wirklich knapp ist, schaufelt er sich noch zwei weitere Stunden zum Lernen frei, sodass er nun vier Stunden dafür zur Verfügung hat. Die ersten beiden Stunden sieht er für den Vormittag vor, am Nachmittag geht es dann weiter. Die Mittagspause braucht sein Hirn, um sich zu erholen, und wird dafür sorgen, dass das Lernen nicht zu anstrengend wird.

Noch einmal arbeitet sich Michael in den ersten zwei Stunden durch sein zweites Mega-Aufgabenpaket. Er braucht einige Durchgänge, bis er wirklich alle Lösungen für die Aufgaben parat hat.

Am Nachmittag bewältigt Michael das dritte Mega-Aufgabenpaket. Weil die behandelten Übungen nicht so lange zurückliegen, braucht er dafür sogar nur eineinhalb Stunden. Michael entscheidet sich dagegen, noch weiter zu lernen, denn für heute hat er alles geschafft, was er sich vorgenommen hat.

Donnerstag: Noch ein Tag

Michael fühlt sich gut. Ja, die Klausur ist morgen, aber er hat die Frage-und-Antwort-Technik schon auf drei Viertel des Stoffs angewandt. Während viele von seinen Kommilitonen sich diesen Tag ganz freihalten, um zu lernen (und vermutlich auch die ganze Nacht), hat sich Michael hingegen nur einige Stunden am Morgen zum Büffeln reserviert.

In etwas über einer Stunde arbeitet er das vierte Mega-Aufgabenpaket durch (denn der Stoff stammt aus dem Seminar der letzten Woche, daher ist er ihm noch sehr geläufig), und in der verbleibenden Zeit geht er noch mal seine Aufzeichnungen durch, um sich mit den noch offenen Fragen zu beschäftigen. Wie in Schritt 5 erläutert, wäre es ideal gewesen, diese vor dem Lernen zu klären. Für all diese Fragen formuliert Michael Sätze wie: »*Ich verstehe nicht den vierten Schritt in der Aufgabe, die wir am 28. September durchgenommen haben.*« Er mailt seine Fragen einem Freund, der dasselbe Seminar besucht (und der zufällig eine natürliche Begabung für Mathe zu haben scheint) und fragt, ob sie sich treffen können. Der Freund stimmt glücklicherweise zu, ihm zu helfen.

Am Abend geht Michael bei ihm vorbei. Er ist nicht überrascht festzustellen, dass sein Kumpel rote Augen hat und von Blätterstapeln umgeben ist, weil er wahrscheinlich die ersten Stunden einer Lernsession hinter sich hat, die vermutlich noch bis spät in die Nacht hinein andauern wird. Sie besprechen Michaels Fragen und können das meiste klären. Sein Freund äußert die Befürchtung, dass es ziemlich hart sein wird, die ganze Nach durchbüffeln zu müssen. Dazu nickt Michael stumm und entscheidet, um ihrer Freundschaft willen, nicht zu erzählen, dass er seit gestern in kein Buch geguckt hat und auch nicht vorhat, das an diesem Abend noch zu tun.

Freitag: Klausurtag

Wenn es eine Übungsklausur gegeben hätte, hätte sich Michael an diesem Morgen sehr gern darangesetzt. Er ist ausgeruht und gut vorbereitet. Die Übungsklausur hätte ihm Selbstbewusstsein gegeben und er hätte ein letztes Mal überprüfen können, ob er irgendetwas während seiner Vorbereitung vergessen hat.

Weil es aber keine Übungsklausur gibt, erfindet Michael seine eigene. Er plant 45 Minuten am Vormittag für die letzten Vorbereitungen ein. Michael erklärt laut die Lösungen, die er gestern Abend begriffen hat. Noch einmal schaut er sich die Lösungen an, die er zuvor mit einem Fragezeichen versehen hatte. Dann sind ein letztes Mal die schwierigsten Aufgaben aus den Mega-Aufgabenpaketen dran. Jetzt löst er jede ohne Probleme. Damit bekommt sein Selbstbewusstsein einen Schub und sein Hirn kommt für die kommende Aufgabe schon mal in Schwung. Mehr gibt es nicht zu tun, es kann losgehen.

Wenn der große Moment gekommen ist und die Aufgaben verteilt werden, weiß Michael sofort, wie er vorgehen wird. Zunächst liest er sich die Aufgaben durch und priorisiert sie nach Schwierigkeitsgrad. Danach errechnet er grob, wie viel Zeit er für jede Aufgabe hat. Mit den leichten Aufgaben, die er schnell beantworten kann, fängt er an. Danach gibt es nur noch einige wenige schwierige Fälle, aber er hat noch genug Zeit, sie zu lösen. Gleich bei dem ersten harten Brocken stellt er schnell fest, dass er nicht weiterkommt. Ihm fällt die Lösung nicht ein und die Zeit verrinnt. Die Panik fängt an, ihm den Nacken hochzukriechen, und er kann sich nicht mehr so gut konzentrieren.

Michael begreift, dass er so nicht weiterkommt. Er atmet tief ein und erinnert sich an die Prüfungsstrategie von Schritt 6. Er lässt diese Aufgabe erst einmal beiseite und fängt mit der nächsten an. Bei den übrigen Aufgaben gelingt es ihm, vernünftige Lösungen zu erarbeiten. Seine Antworten sind nicht genial, aber mit ihnen zeigt er, dass er die grundsätzlichen Lösungsansätze verstanden hat. Jetzt hat er nur noch fünf Minuten übrig. Michael kehrt zu der Schicksalsfrage zurück. Es ist immer noch ein schwieriges Problem, von dem er noch nicht so richtig weiß, wie er es lösen soll. Aber jetzt steht er nicht mehr gar so sehr unter Druck. Weil es die *letzte* Aufgabe ist, die er noch nicht gelöst hat, kann er sich voll und ganz auf sie konzentrieren, ohne an andere Aufgaben denken zu müssen. Selbst wenn ihm absolut nichts einfällt, bleibt die Seite nur bei dieser einen Aufgabe leer. Es gibt Schlimmeres.

Da die Situation sich ein wenig für Michael entspannt hat, kann er nun klarer denken. Ihm fällt ein, wie er sich dieser Aufgabe nähern kann. In den wenigen Minuten, die noch bleiben, erarbeitet er sich einige Lösungsschritte. Die sind weder vollständig noch stellen sie die perfekte Antwort dar, aber unter diesen Umständen ist es das Beste, was er zustande bekommt.

Das Ergebnis

Wie es häufig der Fall ist, war Michael nicht der Einzige, der mit dieser bestimmten Aufgabe Schwierigkeiten hatte. Die meisten, die die Antwort nicht sofort wussten, waren allerdings in dieser Situation nicht in der Lage, einen kühlen Kopf zu behalten. (Hier halfen die Prüfungsstrategien, die Michael verinnerlicht hatte.) Auf diese Aufgabe reagierten sie mit Fassungslosigkeit, sie verschwendeten damit viel Zeit, das heißt, die übrigen Fragen lösten sie nur unter Zeitdruck und machten zahlreiche Flüchtigkeitsfehler. Michael hingegen bekommt für alle Lösungen die volle Punktzahl und für die schwierige Aufgabe eine geringere. Weil seine Kommilitonen sich mit dieser Klausur schwertaten und die Notenvergabe auf dem Kursdurchschnitt basiert, bekommt er eine Eins, obwohl seine Leistung nicht die beste war.

Daraus können wir viel lernen: Für Klausuren in den MINT-Fächern lässt sich nie sagen, wie gut man abgeschnitten hat, bis man die Klausur zurückbekommt. Die Fragen, die einem Kopfzerbrechen bereiteten, bringen manchmal auch alle anderen zum Schwitzen. Du musst die Schulmentalität ablegen, dass 90 bis 100 Prozent der zu erreichenden Punkte eine Eins ergeben, man für 80 bis 89 Prozent der Punkte eine Zwei bekommt und so weiter. Bei mathematischen Fächern folgt die Notenvergabe häufig einer Normalverteilung, sodass die besten 15 Prozent (gleichgültig, wie sie abgeschnitten haben) eine Eins bekommen, die nächsten 20 Prozent eine Zwei und so weiter. An der Uni habe ich einige solche Klausuren geschrieben, bei denen die Mehrheit der Studierenden nur 50 von 100 Punkten erreichte. Das heißt, alle, die 65 oder mehr Punkte hatten, erhielten die Note Eins. Und es hat Klausuren gegeben, in denen eine Frage von niemandem richtig beantwortet werden konnte. Und einmal habe ich sogar eine Eins bekommen, obwohl ich eine Frage überhaupt nicht beantwortet hatte, die 25 Prozent der Punkte ausmachte. Man weiß nie, wie es ausgeht.

Und damit wären wir beim nächsten Thema: *Versuche, immer die Ruhe zu bewahren.* Michael hat es richtig gemacht, indem er die Aufgaben nach Schwierigkeitsgrad sortierte und mit der leichtesten anfing. Als er auf eine scheinbar unüberwindbare Frage stieß, übersprang er sie erst einmal. Sein Ziel lautete, die maximale Punktzahl in der Klausur zu erreichen, nicht alle Aufgaben korrekt zu beantworten. Und am Ende war sein Ergebnis eine Eins.

Teil 2: Spickzettel

Schritt 1: Mache clevere Notizen

- Besuche immer den Unterricht und versuche optimal mitzuschreiben.
- Versuche in den geistes- und sozialwissenschaftlichen Fächern, die grundlegenden Ideen nach dem Muster Fragestellung/Beweis/Fazit festzuhalten.
- In den MINT-Fächern sammelst du so viele Beispielaufgaben und ihre Lösungen wie möglich.

Schritt 2: Nimm die Aufgaben nicht zu ernst

- Arbeite jeden Tag ein wenig an deinen Aufgaben, damit du nicht *einen Tag vor* Abgabetermin oder Prüfung alles auf einmal büffeln musst.
- Lies nur die Hauptquellen ganz, die in dem Seminarplan vorgegeben sind. Um zu entscheiden, wie viel Zeit du mit den zusätzlichen Quellen verbringst, erstelle eine Hierarchie nach Wichtigkeit:
  - Lektüre, die eine **Argumentation** wiedergibt
  - **Beschreibung eines Ereignisses** oder einer **Person**
  - Texte über einen **Kontext** (Reden, Zeitungsartikel, Transkripte)
- Erstelle deine Lektürenotizen nach dem Muster Fragestellung/Beweis/Fazit.
- Löse Aufgabenblätter gemeinsam mit anderen, löse Probleme bereits unterwegs und schreibe deine Lösungen gleich formal korrekt auf.

Schritt 3: Organisiere deine Unterlagen

- Finde heraus, welche Themen in der Prüfung drankommen.
- Ordne deine Aufzeichnungen in sozial- und geisteswissenschaftlichen Fächern.
- Erstelle Mega-Aufgabenpakete für MINT-Fächer.

Schritt 4: Bezwinge das Material

- Eigne dir die Fragen-und-Antwort-Technik an. Das ist die effizienteste Strategie, um zu lernen.
- Verteile das Lernpensum auf mehrere Tage. Die Leistungsfähigkeit deines Gehirns an einem Tag ist begrenzt.

Schritt 5: Investiere in eine »Versicherung gegen Prüfungskatastrophen«

- Beantworte alle Fragen, die im Unterricht oder beim Lesen aufgetaucht sind und die du nicht verstehst.

Schritt 6: Eins-Plus-Antworten bereitstellen

- Schau dir erst alle Prüfungsfragen an.
- Überlege dir, wie viel Zeit du ungefähr für jede Antwort brauchen wirst (und baue einen Puffer von zehn Minuten am Ende ein).
- Fange mit der leichtesten Aufgabe oder Frage an.
- Notiere eine Gliederung, bevor du mit einer Textaufgabe beginnst.
- Nutze übriggebliebene Zeit am Ende, um deine Antworten mehrmals zu kontrollieren, bis du schließlich abgeben musst.

Teil 3
Schriftliche Arbeiten

»Einfach vor einem leeren Bildschirm zu sitzen und anzufangen zu schreiben, in der Hoffnung, dass einem schon etwas einfallen wird, ist nicht so mein Ding.«

Anna, *Einserkandidatin auf dem College*

Hausarbeiten oder Referate schreiben ist nicht schön, aber unvermeidlich. Für eine anspruchsvolle Hausarbeit muss man sich durch endlose Bücher, Texte, Informationen quälen, Erkenntnisse heraussieben, Argumente entwickeln und dann seine Ergebnisse in klarer, eleganter Sprache niederschreiben. Kurz gesagt: Eine gute Haus- oder Projektarbeit zeichnet sich durch scharfes Nachdenken aus und das braucht Zeit.

Darüber hinaus lässt sich das Nachdenken an sich nicht auf ein einfaches System reduzieren. In der Oberstufe oder in den Abschlussklassen hat es wohl noch funktioniert, die eigenen Gedanken in eine schöne Form zu pressen: Einleitung – Hauptteil – Schluss, in der man Absatz für Absatz die Argumente fein säuberlich aufgeführt hat. Das waren noch Zeiten! Leider funktioniert diese vereinfachte Vorgehensweise weder in der Berufsschule noch an der Universität. Da muss man seinen Kopf schon mehr anstrengen. Das Herangehen an einen Essay in Ethnologie ist ganz anders als die Darstellung wissenschaftlicher Erkenntnisse in den Geschichtswissenschaften. Während für ein Seminar die Präsentation einzelner Beweise angemessen ist, mag in einem anderen eine komplexe Struktur verschiedener Narrative das Mittel der Wahl sein. Jede Aufgabe stellt eine neue Herausforderung dar und jede verdient deine Aufmerksamkeit und Sorgfalt.

Aber es gibt noch Hoffnung. Eine Hausarbeit zu schreiben ist harte Arbeit, aber die gute Nachricht lautet, dass sie nicht so eine Qual sein muss, wie viele daraus machen. Wir schauen uns jetzt einmal genauer an, wie der Prozess, eine Hausarbeit oder einen Essay zu schreiben, abläuft. Er lässt sich in drei Phasen unterteilen:

1. Bereits existierende Argumente überprüfen.
2. Deine eigenen Argumente aufstellen.
3. Diese Argumente klar darstellen.

Viele Studierende oder (Berufs-)Schüler gehen so vor, dass sie alle drei Phasen durcheinanderwerfen. Mit dem Ergebnis, dass der Text, der dabei herauskommt, sich schleppend liest und meist aufgebläht ist. Sie hocken sich an den Computer, holen ein paar Quellen hervor und fangen dann an zu schreiben, ohne eine Ahnung zu haben, worauf das alles hinauslaufen soll. Immer, wenn sie nicht mehr in ihrer Argumentation weiterkommen, blättern sie solange in den Texten herum, bis sie auf ein interessantes Zitat stoßen, es in den Text aufnehmen und dann in diese Richtung argumentieren, bis sie wieder nicht weiterwissen. Und dann hilft vermeintlich wieder der Blick in die Quellen. Dieser Kreislauf aus Recherche/Denken/Schreiben schleicht langsam dahin, bis die Hausarbeit Absatz für Absatz zusammengestoppelt ist. Wie man sich vorstellen kann, ist dieses Vorgehen recht qualvoll und kostet unglaublich viel Energie. Jeder einzelne Schritt ist für sich schon intellektuell anspruchsvoll, aber alle drei *zur selben Zeit* durchzuführen ist einfach kraftraubend!

Einserkandidaten differenzieren diese Arbeitsschritte stattdessen deutlich und jede dieser Herausforderungen lässt sich mit einem effizienten, fein abgestimmten System in den Griff bekommen. Zwar sind alle Schritte schwierig, aber indem wir sie voneinander trennen und jeden systematisch angehen, sind sie absolut nicht mit dem vergleichbar, wie sich die meisten anderen (Berufs-)Schülerinnen und Studenten abquälen. Gretchen, eine Einserkandidatin vom Skidmore College betont: »Am wichtigsten ist es bei Hausarbeiten, die Aufgabe in kleine, handliche Schritte aufzuteilen.«

Diese Strategie, um Einsen zu bekommen, besteht aus acht Schritten. Wir fangen damit an, wie du ein Thema findest, das interessant genug ist, und wie du eine These innerhalb des Themas herausarbeitest, die sowohl interessant als auch haltbar ist. Danach geht es um die Recherche.

Dieser Schritt ist entscheidend, denn hier kann man mehr als bei den anderen Schritten Zeit verschwenden. Mit unserem optimierten System sammelst du das richtige Material in wenig Zeit und versiehst es mit Anmerkungen. Nach der Recherche folgt der argumentative Aufbau. Leider gibt es kein simples Rezept, wie man eine kluge Argumentation herleitet, aber wir haben hier einige sinnvolle Strategien, um deine Argumente zu überprüfen und sie in einer Gliederung aufzuführen, die dir bei den noch folgenden Schritten hilft.

Danach musst du den Text verfassen. Doch mittlerweile hast du schon herausgefunden, was genau du sagen möchtest und wie du deine Aussagen untermauerst. Daher besteht dieser Schritt nun noch darin, einen gut verständlichen Text über das Thema zu verfassen, das du komplett durchdrungen hast. Damit halten wir uns jetzt nicht länger auf. **Je früher du die Auffassung verwirfst, dass der wichtigste Teil der Arbeit an einer Hausarbeit darin besteht, sie niederzuschreiben, desto besser. Denn dann kannst du schneller davon profitieren, wie Einserkandidaten zu ihren Noten kommen.** Anna, Einserkandidatin vom Dartmouth College, fasst es knapp zusammen: »Wenn ich erstmal die Struktur habe, dann schreibt sich die Hausarbeit von selbst.«

Und schließlich machen wir uns ans Redigieren. Viele widmen diesem Schritt zu wenig Zeit und geben Hausarbeiten mit dummen Fehlern ab, die sie dann eine gute Note kosten. Andere wieder verbringen viel zu viel Zeit mit der Überarbeitung ihrer Hausarbeit und dehnen das Schreiben mehr als nötig aus. Um diese Schwierigkeiten zu bewältigen, schließen wir Teil 3 mit einem System ab, mit dessen Hilfe du die Arbeit in drei Durchläufen so bearbeitest, dass du sie tatsächlich ruhigen Gewissens abgeben kannst – ohne unmäßig Energie zu verschwenden.

Lass dich von der Anzahl der Schritte nicht irritieren, denn in vielen geht es nur um sehr kurze Eingriffe (die nicht weiter wehtun). Dazu gehören etwa, ein Thema zu suchen und die Lehrperson nach ihrer Meinung zu deiner Hauptaussage zu fragen. Dennoch nehmen wir diese Unterteilung vor, weil jeder Schritt wichtig ist und dir eine Reihenfolge vorgibt, an der du dich orientieren kannst – selbst wenn sie vielleicht nicht so richtig arbeitsaufwendig sind.

Noch eine letzte Bemerkung: Nicht alle Hausarbeiten sind gleich. Manchmal handelt es sich um eine dreiseitige Buchzusammenfassung, manchmal werden 50 Seiten erwartet, die fast an eine Magisterarbeit heranreichen und eingehende Forschung voraussetzen. Um diesen Unterschieden gerecht zu werden, unterscheiden wir hier zwei unterschiedliche Arten von schriftlicher Aufgabe: Hausarbeit und schriftliches Referat beziehungsweise Erörterung. In den Schritten besprechen wir beide Formen getrennt voneinander, um sicherzustellen, dass du entsprechend deiner individuellen Aufgabenstellung so effizient und zielgerichtet arbeiten kannst wie möglich.

Hausarbeiten versus schriftliche Referate/ Erörterungen

Die schriftliche Ausarbeitung einer Aufgabe kann viele verschiedene Formen annehmen. Bei einigen muss man die eigene Rechercheleistung darstellen, bei anderen reicht die kritische Auseinandersetzung mit einem Unterrichtsthema. Bei einigen führt der Umfang zu Magengeschwüren, bei anderen reichen drei bis vier Seiten. Um es dir zu erleichtern, orientieren wir uns an diesen beiden Textarten, obwohl es immer auch Mischformen oder ganz andere Formate gibt. Aber die meisten fallen in diese beiden Kategorien. Bei den folgenden Ratschlägen gehen wir daher besonders auf sie ein.

Hausarbeiten

Bei einer Hausarbeit (oder Projektarbeit, etwa in (Berufs-)Schulen) handelt es sich um eine Ausarbeitung eines Themas, das du dir im Prinzip selbst aussuchst, aber im Rahmen bestimmter Richtlinien bleiben muss. In ihr stellst du deine eigene These oder Behauptung dar. Beispielsweise steht das breite Thema: »*in Zusammenhang mit dem britischen Weltreich*«. Vielleicht wählst du folgendes Thema aus: »*Schulen und das britische Weltreich*«. »*Das öffentliche Schulsystem im England des 19. Jahrhunderts hatte einen Lehrplan, der auf die Bedürfnisse des britischen Weltreichs zugeschnitten war*«, könnte deine These lauten.

Um deine These zu stützen, musst du Argumente beziehungsweise Beweise aus Quellen anführen. Daher hast du länger Zeit für das Schreiben, und wenn du das richtige Thema wählst und die Arbeit gut einteilst, sind Hausarbeiten manchmal eine super Herausforderung – im positiven Sinne. Eine Behauptung aufzustellen und sie dann zu beweisen ist eine aufregende Sache. Wenn man jedoch bis zur letzten Minute wartet, können Hausarbeiten zum Albtraum werden. Studis mit Nervenzusammenbrüchen sind keine Seltenheit, wenn sie die Arbeit bis zuletzt aufschieben. Daher ist es bei solchen Aufgaben wichtig, die Zeit richtig einzuteilen. Dazu kommen wir gleich.

Schriftliche Referate

In den meisten Geisteswissenschaften gehören schriftliche Referate oder manchmal auch Erörterungen zum Alltagsgeschäft. Es handelt sich dabei um kurze Abhandlungen, in denen häufig Themen oder Lektüre aus dem Unterricht aufgenommen werden. Manchmal sind es Vergleiche: »*Wie unterschieden sich Nordlinger und Hopkins in ihrer Auffassung der amerikanischen Isolationspolitik? Welche kulturellen und theologischen Aspekte liegen dem zugrunde?*«

Das schriftliche Referat/die Erörterung unterscheidet sich von der Hausarbeit in einigen Punkten: Das Thema wird vorgegeben, in der Ausarbeitung beantwortest du eine bestimmte Frage und du brauchst keine oder kaum originäre Forschung zu betreiben. Aufgrund dessen dauert es nicht so lange wie bei einer Hausarbeit, es zu verfassen. Das Ziel beim schriftlichen Referat oder bei Erörterungen ist, zu überprüfen, ob du die Unterrichtsinhalte verstanden hast, nicht um neue Thesen zu präsentieren.

Das heißt allerdings nicht, dass diese Arbeiten *leichter* zu verfassen sind als eine Hausarbeit. **Manchmal hängt die erforderliche Präzision, einen Gedanken zu Ende zu denken, mit dem erlaubten Maximalumfang proportional zusammen**. Das heißt: Je spezieller die Fragestellung ist, desto präziser müssen deine Gedanken sein. Also aufgepasst! Umfasst die Aufgabe nur ein einzelnes Kapitel, dann musst du jedes einzelne Wort des Textes verstanden haben und in der Lage sein, deine Interpretation oder Analyse auf den Punkt zu bringen.

Schritt 1
Finde ein prickelndes Thema

Denk dran, dass das Thema nicht zu verwechseln ist mit der These. Das Thema beschreibt einen interessanten Sachverhalt oder eine Beobachtung. Während eine These eine bestimmte Behauptung beinhaltet, die sich auf einen Sachverhalt oder eine Beobachtung *bezieht*. Das wird mit folgenden Beispielen deutlicher.[2]

2 Achtung: Diese Thesen sind das Produkt der Einbildungskraft des Autors. Daher sind sie mit größter Wahrscheinlichkeit totaler Unsinn. Verwendung nur auf eigene Verantwortung.

Thema	These
Es bestehen interessante Ähnlichkeiten zwischen der Kunst von Caspar David Friedrich und Washington Alliston, obwohl sie auf unterschiedlichen Kontinenten gearbeitet haben. (*Beobachtung*)	Diese Ähnlichkeiten beruhen auf der Verbindung von Friedrich und Alliston zu Samuel Taylor Coleridges Vorgriff auf die Philosophie der frühen Postmoderne.
Das Frühwerk von William Faulkner (*Sachverhalt*)	Das Frühwerk von William Faulkner ist von der europäischen Moderne beeinflusst.
In der ersten Hälfte des 20. Jahrhunderts blühte New Yorks Viertel Chinatown auf, während andere von Emigranten bewohnte Stadtviertel um das wirtschaftliche Überleben rangen. (*Beobachtung*)	Die chinesische Kultur gab den Auswanderern in den USA einen Rückhalt und eine Struktur. Sie half, die besondere Herausforderung, in einem fremden Land finanzielle Sicherheit zu finden, zu bewältigen.

Wie bereits erwähnt, wird das Thema bei einem schriftlichen Referat gestellt, daher erübrigt sich in diesem Fall dieser Schritt. Bei einer Hausarbeit kannst du dir das Thema aussuchen. Daher konzentrieren wir uns im Weiteren auf die Themensuche bei einer Hausarbeit.

Themensuche bei einer Hausarbeit

Normalerweise ist der Rahmen bei einer Hausarbeit vorgegeben. In einem Kunstgeschichteseminar wären das beispielsweise alle Kunstschaffenden, die bisher im Seminar durchgenommen wurden. In Politikwissenschaften könnte die Überschrift lauten: »Wirtschaftspolitik im Kontext Lateinamerika.« Hier besteht die große Herausforderung darin, im Rahmen des Seminars ein Thema zu finden, das dich begeistert. Alle Arbeit, die danach kommt, basiert auf diesem Thema. Wenn es dich nicht wirklich interessiert, dann wird das ganz schön ermüdend. Wenn du auf der anderen Seite von deinem Thema schon nicht fasziniert, aber zumindest darauf neugierig bist, fallen dir alle anderen Schritte sehr viel leichter.

Um ein prickelndes Thema zu finden, fängt man am besten früh mit der Suche an. »Ich überlege mir Themen oder notiere sie mir so früh wie möglich. Manchmal erst eine Woche vor Abgabetermin, manchmal schon Monate im Voraus«, erzählt Doris, Einserkandidatin von der Harvard University. Versuche, das auch zu machen. Lies dir am ersten Vorlesungstag die Liste mit den Seminarthemen durch. Manchmal gibt es auch schon eine Liste mit zu vergebenden Themen für die Hausarbeiten. Im Semesterplan stehen die Eckdaten für solche Ausarbeitungen und der Professor erklärt normalerweise zu Beginn des Semesters, was erwartet wird. Sobald du die Rahmenbedingungen kennst, solltest du immer nach möglichen Themen Ausschau halten. Wenn du ein bestimmtes Buch oder eine Theorie besonders spannend findest, notier es auf eine Liste, die du fortführst, damit du deine Themenideen nicht vergisst. Wenn dir während des Unterrichts oder der Vorlesung eine Frage des Professors auffällt oder er von einem noch offenen Recherchethema berichtet (»Forschungsdesiderat«), setze sie mit auf die Liste. Sean, Einserkandidat von der Yale University, erklärt: »Behalte während der Vorlesungen und während der Seminare die Augen für Themen offen, die dich besonders interessieren. Denn wenn du bei einer Sache aufmerkst, dann ist das vielleicht später ein gutes Thema für eine Hausarbeit.«

Fällt dir die Themensuche schwer, gibt es zwei Möglichkeiten. Zum einen, wie Chien Wen, eine Einserkandidatin vom Dartmouth College, anmerkt: »Sprich mit deinem Prof über ein paar Ideen, die du schon hast, und bitte ihn um Lektüretipps.« Professoren kennen sich auf ihrem Gebiet aus, daher sollte es ihnen leichtfallen, dich auf sinnvolle Lektüre hinzuweisen. Mit diesen Büchern kannst du tiefer in die entsprechenden Themen einsteigen. Chien Wen rät außerdem: »Lies die Hauptquellen gründlich durch.« Schnapp dir außerdem ein Lehrbuch oder ein vergleichbares Buch, etwa eine Einführung in das Thema und blättere es durch. Vielleicht fällt dir etwas auf, das dich interessiert oder bei einem Textausschnitt drängt sich dir die Frage »Warum?« auf. Ergiebig können auch Erörterungen sein, in denen verschiedene Argumente gegeneinander abgewogen werden. »Folge deiner Intuition oder lass deiner Fantasie freien Lauf. Vielleicht gibt es eine ungewöhnliche Verbindung zwischen zwei Personen, Ideen oder übergeordneten Fragen«, regt Chien Wen an.

Generell wird es einfacher, die Hausarbeit vorzubereiten und zu schreiben, je mehr Aufmerksamkeit du diesem ersten Schritt widmest. Also nimm die Themenwahl ernst.

Schritt 2
Geh auf Thesenjagd

Nachdem du dich für ein Thema entschieden hast, für das du dich begeistern kannst, musst du nun eine These oder Aussage entwickeln, die das Thema auf überzeugende Weise erläutert. Wie bereits gesagt, für eine Erörterung oder Ähnliches ist ein Großteil der Arbeit schon von anderen erledigt worden, denn meistens basiert ein schriftliches Referat/eine Erörterung auf einer ausformulierten Frage (»Wie unterscheiden sich die beiden Argumentationen voneinander?« oder »Warum ist diese Autorin dieser Meinung?«). Dann besteht deine Ausarbeitung darin, diese Frage zu beantworten. Auf der anderen Seite wirst du dich bei einer Hausarbeit mit einer umfassenden Fragestellung beschäftigen. Dazu ist es nötig, eine interessante und begründbare Idee zu finden, mit der du den vorgegebenen Umfang der Arbeit erreichen kannst.

In beiden Fällen ist es nötig, sich an die Recherche zu machen. Eine These aus der Luft zu greifen ist gefährlich, denn ohne sich zuvor in das Thema einzuarbeiten, kannst du nicht wissen, ob deine Idee überhaupt tragfähig ist. Und nichts ist schlimmer, als nach einigen Tagen Arbeit noch mal ganz von vorn anfangen zu müssen. Auf der anderen Seite solltest du vermeiden, viele Tage damit zu verbringen, auf der Suche nach der perfekten These alle verfügbaren Bücher über dein Thema zu lesen, denn das kostet zu viel Zeit.

Für ein schriftliches Referat/eine Erörterung lautet die Lösung einfach: Geh noch einmal sowohl deine Anmerkungen zur Lektüre sowie deine Mitschriften aus dem Unterricht durch, die sich auf die Fragestellung beziehen. Fertig! Damit solltest du schon mal eine grobe Orientierung bekommen, wie du die Frage beantworten kannst. Du hast also schon einmal deine Kernaussage, deine These. Selbst wenn es sich so einfach anhört, solltest du diese vorbereitenden Schritte nicht überspringen. Denn je früher dir klar ist, wie du die Frage beantworten wirst, desto mehr Zeit hast du, deine Antwort mit guten Argumenten zu untermauern.

Wenn es um Haus- oder Projektarbeiten geht, ist es allerdings schon schwieriger, eine These zu finden. Es gibt weder eine spezielle Frage, die du beantworten musst, noch gibt dir jemand eine Literaturliste an die Hand. Du fängst mit nichts außer dem Thema an, das du ausgewählt hast. Jetzt musst du den Sprung ins kalte Wasser wagen, dich durch eine Menge Literatur kämpfen, um genügend Material zu finden, um eine aussagekräftige These zu entwickeln. Zugleich darfst du nicht im Meer der zur Verfügung stehenden Informationen untergehen.

Natürlich überrascht es uns nicht, dass die Einserkandidaten, die ich für dieses Buch interviewt habe, die Jagd auf eine These auf ihren akademischen Expeditionen perfektioniert haben. Dabei haben sie zwei Ziele vor Augen: 1. eine interessante Aussage zu finden, die im Rahmen der Vorgaben dargelegt werden kann, und 2. die dafür notwendige Zeit zu minimieren. Beides zu schaffen ist nicht leicht, aber Einserkandidaten kriegen das hin. Wie schaffen sie das? Ganz einfach: *Sie fangen mit dem Allgemeinen an und arbeiten sich dann zum Speziellen weiter vor.* Was das genau heißt, schauen wir uns im Folgenden an.

Vom Allgemeinen zum Speziellen

»Meistens fange ich mit der Überblicksliteratur an«, erzählt Chris, Einserkandidat vom Dartmouth College. »Sagen wir, ich schreibe über die Kurden in der Türkei, dann besorge ich mir eine aktuelle historische Einführung in das Thema.« Ganz ähnlich gehst du vor, wenn du beispielsweise über die frühen Werke des amerikanischen Schriftstellers William Faulkner schreiben möchtest. Suche dir eine oder zwei Biografien von Faulkner und konzentriere dich auf die Kapitel, die sich mit dem Beginn seiner Schreibkarriere beschäftigen. Solltest du keine Einführungs- oder Überblickswerke zu deinem Thema finden, frag deinen Professor beziehungsweise deine Lehrerin, sie wird dir sicherlich einige nennen können. An der Uni gibt es meistens in der Bibliothek einen Handapparat für das Seminar, in dem die relevanten Werke stehen. Der Professor hat in diesen Handapparat bereits die Titel zusammengestellt, die für die Veranstaltung besonders relevant sind. Normalerweise kann man diese Bücher nur stundenweise ausleihen, damit alle darauf Zugriff haben. In diesen Werken wirst du sicherlich fündig.

Das ist der erste Schritt (der »allgemeine« Aspekt der Strategie). Nur mit sehr viel Glück findest du hier schon eine interessante These. Denn häufig ist diese Literatur sehr breit angelegt, sodass sie kaum eine interessante und spezifische These bieten können, über die nicht schon viele andere geschrieben haben.

Deshalb brauchen wir den zweiten Schritt, denn der wichtige Punkt dieser allgemeinen Einführungen ist, dass sie am Ende Quellen und weiterführende Literatur auflisten. Chris erklärt noch: »Ich lese diejenigen Kapitel in den Einführungen, die für meine Hausarbeit vielversprechend aussehen. Dann schaue ich nach, auf welche Quellen sie sich berufen.« Das heißt also, dass der zweite Schritt in der Thesenjagd darin besteht, sich genau die Liste der Bücher und Artikel anzuschauen, die in den betreffenden Textstellen zitiert werden. Wähle die Titel aus, die am vielversprechendsten klingen, und suche sie in der Bibliothek. Bei diesen spezifischeren Werken kann es sich um Aufsätze oder Monografien handeln, die nur einzelne Punkte behandeln. Dort besteht die Chance, dass du auf einen interessanten und eingegrenzten Aspekt stößt, der sich für eine These eignet.

Nehmen wir das Faulkner-Beispiel von oben. Einer der Einführungstexte zitiert vielleicht einen Zeitungsartikel über den Einfluss eines speziellen europäischen Autors der Moderne auf Faulkner. Du forschst nach dem Artikel, entdeckst ihn und beim Lesen stellst du fest, dass er am Rande erwähnt, es habe noch andere Vertreter der Moderne gegeben, die ihn möglicherweise ebenfalls beeinflusst haben. *Aha!* In dieser Aussage steckt vielleicht eine interessante These. Wähle dir einen dieser Autoren der Moderne aus und suche nach historischen Belegen, die seine Verbindung zu Faulkner beweisen.

Oder eine andere Einführung geht auf den Lebensabschnitt ein, den Faulkner in Europa verbracht hat. Vielleicht erklärt sie, dass die einzigen Zeugnisse dieser Reisen in den Briefen bestehen, die der Autor als junger Mann geschrieben hat. Und mit Glück ist das Buch angegeben, das diese Briefsammlung enthält. Sobald du sie gefunden hast, lies sie durch. Dir fällt auf, dass er mehrere Male eine bestimmte Bar in London nennt. Vielleicht ist das die Basis für eine interessante These? Du könntest dich mit der Intellektuellenszene dieser Zeit in London befassen und warum das Nachtleben Faulkners Schreiben beeinflusst hat. Von dort ausgehend könntest du einen Text zum wichtigsten Beleg deiner Behauptung machen, der aus der Zeit vor seiner London-Reise stammt, sowie einen Text nach der Reise. Vielleicht entdeckst du eine Veränderung im Stil, die möglicherweise mit seinem Ausflug in das literarische Leben Londons zusammenhängt. Wichtig dabei ist, dass eine kleine Beobachtung Anlass zu umfassenden und interessanten Diskussionen sein kann.

Wie findet man heraus, ob eine Idee als These einer aufschlussreichen Hausarbeit trägt? Christine, Einserkandidatin an der Harvard University, sagt: »Eine tolle Hauptaussage zeichnet sich mindestens durch diese vier Eigenschaften aus: Sie ist kontrovers, differenziert, unmittelbar und umfassend.« Aber sie warnt auch vor zu offensichtlicher Einfachheit. »Doch gleichzeitig sollte eine These die Komplexität eines Themas widerspiegeln. ›In diesem Gedicht symbolisiert das X ein Y, weil Z …‹ reicht für eine These nicht aus, weil es viel zu sehr reduziert und vereinfacht. Man darf sich nicht davor scheuen, Zweideutigkeiten zu benennen und Fragen auch offenzulassen.« Wendy, Einserkandidatin vom Amherst College, meint: »Das Wichtigste an einer Hausarbeit ist die These. Wenn du eine solide Kernaussage hast, ordnet sich der Rest von selbst.«

Doch dabei gibt es eine Schwierigkeit: Während des Schreibens wird sich deine Hauptaussage verändern. Das lässt sich nicht vermeiden, denn du hast ja noch keine eingehende Recherche angestellt. In dieser frühen Phase deutet deine These eher auf einen *Zusammenhang* hin oder auf eine Erkenntnis, zu der du hoffentlich am Ende kommen wirst. Für eine endgültige Aussage ist es jetzt noch zu früh. Bei unserem Faulkner-Beispiel mag deine erste Recherche darauf hindeuten, dass die Stammgäste in einer bestimmten Londoner Bar den jungen Autor beeinflusst haben. Aber du kannst zu diesem Zeitpunkt noch nicht mit Sicherheit wissen, ob es wirklich so war. Dazu musst du noch eingehender nachforschen, aber das ist in Ordnung so. Deine Idee entwickelt sich mit der Zeit und das ist ganz normal. Im Moment reicht es aus, dass du das Gefühl hast, dass deine Hauptaussage auf einem guten Weg ist und die oben genannten Voraussetzungen erfüllen könnte. Das heißt also, stell sicher, dass deine ersten Recherchen deine These stützen und weitere, detaillierte Nachforschungen sie festigen. Sei ehrlich zu dir selbst: Hast du dir eine These ausgedacht, weil sie cool klingt, aber keinerlei Hinweise darauf, dass sie haltbar ist? Dann steuerst du auf eine Katastrophe zu. Wenn mehrere Erkenntnisse aus deiner ersten Recherche allerdings darauf hinweisen, dass es einige interessante Zusammenhänge gibt, die du in deiner These darstellen kannst, dann bist du auf dem richtigen Weg.

Schritt 3
Hol dir eine zweite Meinung ein

Mittlerweile solltest du ein interessantes Thema gefunden und eine zielgenaue These formuliert haben. Du bist auf dem guten Weg, eine super Hausarbeit zu schreiben, aber eins nach dem anderen: Es ist Zeit, einen Schritt vom Schreibtisch zurückzutreten.

Viele (Berufs-)Schüler und Studentinnen haben sich Kopf über in eine Projekt- oder Hausarbeit in dem Glauben gestürzt, eine faszinierende These zu haben, nur um viele Seiten später festzustellen, dass sie von falschen Voraussetzungen ausgegangen waren. Möglicherweise gab es nicht genug Beweise, mit denen sie ihre Aussage belegen konnten, vielleicht sind sie beim Recherchieren auf einen Aufsatz gestoßen, der genau dieselbe These vertrat. Oder sie müssen feststellen, dass ihre These zu umfassend ist, um sie innerhalb der vorgegebenen Seiten präzise darstellen zu können – das ist häufig der Fall.

Unsere Tipps für die Thesenjagd sollten dies eigentlich ausschließen, aber das allein reicht nicht aus, um eine gute Hausarbeit abzugeben. Selbst wenn du denkst, du hast eine Spitzenthese, bleibt noch ein Schritt zu tun, bevor du dich ganz und gar in die eingehende Recherche und das Schreiben wirfst. Rielle, Einserkandidatin von der Brown University, rät: »Bevor ich wirklich zu schreiben anfange, spreche ich meistens noch einmal mit der betreffenden Professorin, um meine Ideen zu checken.« Dieser Tipp ist super. Bei jeder Hausarbeit oder jedem wichtigen Referat – das heißt bei jeder Arbeit, die länger als nur ein paar Seiten ist – solltest du mit deinem Prof oder deiner Lehrerin Rücksprache halten. Besuch die Sprechstunde oder vereinbare einen Termin, um dein Thema, deine These und die folgenden Fragen zu klären:

1. Entspricht meine Idee der Aufgabe?
2. Ist sie zu weit gefasst?
3. Ist sie zu einfach?

Vertritt der Prof die Meinung, dass deine These angemessen ist, ist das ein ziemlich guter Hinweis darauf, dass du später nicht ins Leere rennst. Dann kannst du guten Gewissens weitermachen. Geht es um eine Hausarbeit, ist das ein guter Zeitpunkt, mit ihm die Quellen zu besprechen, die du verwenden willst. Bestimmt wird er dir noch weitere vorschlagen. Mitschreiben! Denn damit ersparst du dir wertvolle Zeit, die du sonst in der Bibliothek verbringen müsstest. Sollte der Prof nicht von deiner These begeistert sein, wird er dir sicherlich helfen, die Formulierung zu ändern oder zu präzisieren.

Nach dieser Besprechung, die nicht mehr als zehn oder zwanzig Minuten beanspruchen wird, hast du die Gewissheit, dass deine Hausarbeit auf soliden Füßen steht. Dann kannst du mit Vollgas in die Recherche und das Schreiben gehen, ohne fürchten zu müssen, die Arbeit gegen die Wand zu setzen. Ich bin immer erstaunt, wie wenig Schülerinnen und Studenten auf diese Hilfestellung zurückgreifen. Ein simpler Termin kann über eine erstklassige Hausarbeit oder einen zusammenhangslosen Wisch entscheiden.

Doch denk dran, dass dieser Schritt keine Abkürzung darstellen soll. Wenn du den zweiten Schritt nicht sorgfältig gemacht hast und in der Sprechstunde mit einer konfusen Idee auftauchst, wird der Prof dir keine andere Idee auf dem Silbertablett servieren. Doch, wie Christine von der Harvard University einräumt: »Sie werden einem schon zuhören, wenn sie merken, dass man sich im Vorfeld einige Gedanken gemacht hat.«

Schritt 4
Du bist die Recherchemaschine

Bei einer Projekt-, Haus-, Bachelor- oder gar Magisterarbeit geht es im Prinzip um eigene Forschung. Bei einem schriftlichen Referat sind die zugrunde liegenden Bücher vorgegeben und meist sind es auch nur einige wenige. Wenn du also ein Referat vorbereitest, dann kannst du diese Phase getrost überspringen und bei Schritt 5 (Wie du eine fesselnde Story konzipierst) weiterlesen. Dort wird beschrieben, wie man eine Argumentation aufbaut.

Für Hausarbeiten ist jedoch der folgende Schritt entscheidend. Warum? Weil deine Recherche über Triumph oder Fall deiner Arbeit entscheidet. Wenn du sie planlos schreibst – und das machen die meisten – dann tauchen sofort zwei Probleme auf: Erstens ist das Schreiben dann frustrierend und ermüdend, weil du ständig unterbrechen musst, um weitere Argumente für deine These zu finden. Und zweitens, was viel wichtiger ist, wird deine Hausarbeit nur mäßig werden. Ein gutes

Argument basiert auf dem guten Verständnis aller relevanten Informationen. Du brauchst leichten Zugriff auf alle nötigen Fakten und Ideen, damit du sie entsprechend deiner These anordnen, zuweisen und belegen kannst. Wenn deine Quellen nicht vollständig oder schlecht organisiert sind, dann wird sich das in deiner Hausarbeit widerspiegeln.

Auf der anderen Seite besteht immer die Gefahr, zu viel Zeit mit der Recherche zuzubringen. Viele fleißige Schüler und Studentinnen fallen der fatalen Fehlannahme zum Opfer, »nur noch eine allerletzte Quelle« finden zu wollen, was viele verschwendete Stunden, stapelweise angehäufte Bücher und völlig Übermüdung zur Folge hat. In diesem Treibsand versacken sie und das solltest du um jeden Preis vermeiden. Vielleicht wirkt es auf den ersten Blick einfacher, Quellen zu recherchieren als ein Thema auszuwählen oder die Hausarbeit an sich zu schreiben, doch dieser Schritt der Arbeit geht vielfach schief.

Glücklicherweise haben Einserkandidaten den Trick raus, diesen Drahtseilakt der Recherche zu meistern. Sie besorgen sich die nötigen Informationen, ohne sich in ihnen zu verlieren. Ihre Strategie lässt sich mit einem Satz beschreiben: **Sie recherchieren wie eine Maschine.** Sie verfolgen dabei ein bestimmtes System, das jedes Mal zu hervorragenden Ergebnissen führt. Bei jeder Hausarbeit gehen sie routiniert nach demselben Schema vor. Wenn man ihnen eine These präsentiert, fangen die Rädchen in ihrem Kopf an zu rattern, und am Ende produzieren sie eine Reihe geordneter und mit Notizen versehener Fotokopien. Dieses System sorgt dafür, dass sie qualifiziert recherchieren und so erreichen, dass das Endprodukt herausragend ist. Dabei haben sie nur ein Minimum an Zeit aufgewendet.

Klingt nicht schlecht, oder? Aber wie funktioniert das?

Das System der Einserkandidaten basiert auf folgenden vier Schritten:

1. Du musst die Quellen finden.
2. Kopiere sie dir.

3. Lies sie durch und versieh sie mit Anmerkungen.
4. Entscheide, ob du fertig bist. (Falls nicht, gehe zurück zu Schritt 1.)

Das ist schon alles. Wie immer steckt auch hier der Teufel im Detail. Deshalb schauen wir uns jetzt die vier Schritte genauer an.

1. Quellen finden

Es gibt zwei Arten von Quellen: einführende und weiterführende. Wie bei Schritt 2 beschrieben, geht es bei Ersteren um eine Übersicht über ein Thema. Das kann eine Biografie oder ein Lehrbuch sein. Die weiterführende Literatur konzentriert sich auf einen bestimmten Aspekt eines umfassenderen Themas oder auf ein spezielles Argument und ist beispielsweise in Zeitschriftenartikeln oder Büchern zu finden. Für eine Hausarbeit an der Uni oder Fachhochschule suchst du dir am besten diese speziellen Quellen. Natürlich ist hier die interessante Frage, wie man an sie herankommt.

Hier gibt es zwei Strategien. Die erste ist genau dieselbe wie in Schritt 2: Arbeite dich von Überblickswerken zu spezielleren voran, indem du in den Literaturverzeichnissen nach Quellen suchst. David, Einserkandidat vom Dartmouth College, rät: »Wenn man ein oder zwei gute Quellen hat, dann geht es eigentlich nur noch um die Literaturverzeichnisse ... Man muss herausfinden, woher der jeweilige Autor sein Wissen hat, und diese Quellen muss man sich genau anschauen.« In Schritt 2 habe ich vorgeschlagen, dass du dich mit deinem Prof oder deiner Lehrerin zusammensetzt beziehungsweise den Handapparat zu Hilfe nimmst, um die Titel dieser Überblickswerke herauszufinden. Natürlich kannst du auch online in Bibliotheken suchen. Das klingt vielleicht selbstverständlich, aber einen Onlinekatalog richtig zu benutzen ist gar nicht immer so einfach. Manchmal reicht es nicht aus, einfach nur Stichworte einzutippen. Damit kommt man nicht automatisch an die Bücher und Artikel, die sich mit dem gewählten Thema beschäftigen. Dafür braucht man Profitricks.

Dazu gehört die Recherche im Katalog der Deutschen Nationalbibliothek in Frankfurt am Main und Leipzig (DNB). In der »einfachen Suche« kann man Stichworte eingeben, in der »erweiterten Suche« lässt sich präziser mittels Autorennamen, Personen, Inhaltsverzeichnis und Schlagwörtern suchen. Unter »Browsen« findet man alle Themen in zehn Schwerpunkte differenziert, von Informatik bis Unterhaltung. Im »Suchverlauf« lässt sich die eigene Recherche bequem zurückverfolgen.

Suchst du zum Beispiel Heinrich Harrers *Die weiße Spinne. Das große Buch vom Eiger,* die Geschichte der Besteigung der berüchtigten Eiger-Nordwand, werden dir die entsprechenden Details angezeigt. Allerdings hat man in der DNB nicht immer Zugriff auf das Inhaltsverzeichnis; Einsicht in die entsprechende (digitale) Ausgabe im Archiv hat man nur vor Ort.

Die zweite Strategie, um bestimmte Quellen zu finden, ist direkt nach ihnen zu suchen. Sie ist insofern wichtig, als dass du nicht immer weiterführende Literatur im Literaturverzeichnis eines allgemeinen Lehrbuchs finden wirst. Das gilt besonders für aktuelle Forschung, denn das Schreiben eines Buches dauert lange. Wenn ein Aufsatz beispielsweise erst zwei Jahre alt ist, ist er vielleicht noch nicht in einem allgemeineren Werk besprochen worden.

Spezifische Quellen sind manchmal sehr schwer zu entdecken. Nehmen wir an, du stellst folgende These zu unserem Eiger-Nordwand-Beispiel auf: »Die zahlreichen gescheiterten Versuche, die Eiger Nordwand zu besteigen, spielten in der ersten Hälfte des 20. Jahrhunderts eine wichtige Rolle in der Ausbildung einer kulturellen Schweizer Identität.« Ein generelles Werk über den Eiger, wie etwa *Die weiße Spinne* ist leicht zu finden, doch ein Buch, das sich speziell mit der Frage auseinandersetzt, wie der Eiger mit der schweizerischen Identität zusammenhängt, ist schon sehr viel schwieriger. Gibt man »Einfluss des Eigers auf die Schweizer Identität« in die Suchzeile eines Onlinekatalogs ein, wird man nicht viel Erfolg haben. Wie kommt man also an diese spezielleren Quellen heran? Dazu gibt es vier wichtige Suchtaktiken.

Suchtaktik 1: Unterteile deine Suche

Wenn du deine Suche in unterschiedliche kurz gefasste Suchen unterteilen kannst, steigen deine Chancen, geeignete Quellen zu finden. Am Beispiel des Eigers kannst du Folgendes versuchen:

- Alpen, Wandern, Schweiz, Kultur
- Alpines Wandern
- Bergsteigen Schweiz

Jede dieser allgemeineren Suchanfragen kann zu einer Quelle führen, die entweder deine These stützt oder verwirft oder dir weitere Informationen zu dem Thema liefert. Mit der Zeit wirst du immer besser darin werden, solche Suchanfragen zu formulieren.

Suchtaktik 2: Datenbanken von Zeitschriften

Wie bereits erwähnt, finden sich spezifische Quellen häufig eher in wissenschaftlichen Artikeln als in Büchern. Nur in den seltensten Fällen verzeichnen Bibliotheken Artikel von wissenschaftlichen Zeitschriften. Daher empfiehlt Chris, Einserkandidat vom Dartmouth College, »Recherchiere in Artikeldatenbanken zu dem jeweiligen Thema.« Beispiele für solche Datenbanken wären wissenschaft-aktuell.de oder worldwide-sciende.org.

Wie findet man solche Datenbanken? Auf der Website deiner Bibliothek sollten einige verfügbare digitale Ressourcen verzeichnet sein.

Studis haben vermutlich im Verlauf des ersten Semesters eine Einführung in die wissenschaftliche Recherche erhalten. (Selbst wenn du es damals verschlafen hast, wie die meisten von uns, sollte es nicht schwer sein, diese Informationen herauszubekommen.) Häufig sind die Verzeichnisse wissenschaftlicher Quellen nach Schwerpunkten geordnet (Politikwissenschaft, Ethnologie und so weiter). Wähle deinen Themenschwerpunkt aus, und schon sollten sich entsprechende Archive finden lassen. Diese bieten häufig Datenbanken mit wissenschaftlichen Artikeln an. Suche in diesen Datenbanken mit den allgemeinen Suchanfragen, die wir in Taktik 1 besprochen haben, dann solltest du einiges finden können.

Wenn du dich mit einem interdisziplinären Thema beschäftigst, betrifft das entsprechend verschiedene akademische Fächer. Es bietet sich dann an, eine große Datenbank zu verwenden. Worldwidescience.org von der British Library wäre da beispielsweise ein Anfang.

Suchtaktik 3: Im Zweifel frage Google

»Google ist erstmal dein Freund«, findet David vom Dartmouth College. Das ist zwar ein guter Rat, dennoch sollte man ihn mit Vorsicht genießen, selbst wenn Google eine tolle Suchmaschine ist. Generell gilt: **Zitiere keine Webseiten.** Akademiker misstrauen Webseiten. Bevor ein Artikel in einer wissenschaftlichen Zeitschrift veröffentlicht wird, muss er einen Review-Prozess von vielen Experten durchlaufen. Auch wissenschaftliche Bücher werden von Fachleuten verfasst und genauestens redigiert. Auf Webseiten jedoch kann alles veröffentlicht werden. Deshalb sind sie wertlos, wenn es darum geht, ein Argument zu belegen. Webseiten zu zitieren ist okay, wenn du noch zur Schule gehst (und selbst dann manchmal nicht). Wenn du das an der Uni oder in der Berufsschule machst, riskierst du eine brüskierte Abfuhr.

Dessen ungeachtet ist Google immer noch ein nützliches Rechercheinstrument. Hier geht es nicht darum, Webseiten zu finden, die man zitieren kann, sondern Nachschlagewerke und Wissenschaftsartikel zu entdecken, die nützlich sein könnten, deine These zu untermauern. Suchst du bei Google etwa nach »Eiger und Schweizer Identität«, schlägt dir die Suchmaschine vielleicht tatsächlich einige Webseiten vor, die sich mit diesem etwas randständigen Thema beschäftigen. Googles Algorithmus ist viel schlauer als eine Suche im (Kartei-)Katalog, daher kann es gut sein, dass du dort selbst bei komplexen Themenkombinationen fündig wirst. Mit Glück findest du auf diesen Webseiten Primärquellen (einen Buch- oder Aufsatztitel), in denen du weiterforschen kannst. *Diese* Originalquellen findest du dann wahrscheinlich wiederum in einem (Kartei-)Katalog und du kannst sie wie jede andere Quelle bearbeiten.

Suchtaktik 4: Frag die Bibliotheksangestellten

Die meisten Staats- oder Universitätsbibliotheken verfügen über Angestellte, die nichts lieber tun, als dir zu helfen, das zu finden, wonach du suchst. Dafür werden sie schließlich bezahlt und ihr Rat ist unbezahlbar. Leider greifen nur wenige Schüler und Studentinnen auf das Know-how von Bibliothekaren zurück. Sie können für dich Suchen durchführen, die dir stundenlange Höllenqualen bereiten würden, doch die wenigsten fragen bei diesen Experten nach.

Wenn du für eine Hausarbeit recherchierst, solltest du als Erstes die Person an dem Informationsschalter aufsuchen. Erklär ihr dein Thema und dein Anliegen und sie wird dir zeigen, wie du am schnellsten an die gewünschten Informationen kommst. Nicht nur kannst du so einige spezifische Quellen nutzen, die dir vielleicht sonst entgangen wären, sondern du lernst auch neue Zeitschriften, Werke und Datenbanken kennen, die du für deine späteren schriftlichen Arbeiten nutzen kannst. Je mehr du den Bibliotheksangestellten auf die Finger schaust, desto besser wird deine Fertigkeit, Material in Bibliotheken auch allein aufzustöbern.

2. Kopiere dir alle Quellen

Zielgerichtet und zeitsparend eine Hausarbeit zu verfassen basiert meist darauf, wie du mit deinen Quellen umgehst. Es gibt viele verschiedene Arten, mit den Aufsätzen und Buchkapiteln, die für deine Recherche relevant sind, weiterzuarbeiten, aber viele der Einserkandidaten, die für dieses Buch befragt wurden, verfolgen diese Strategie: **Mach von allem, was du gefunden hast, eine Kopie oder drucke es aus.** Nehmen wir an, du hast ein Buch gefunden, das sich in zwei Kapiteln mit deinem Thema beschäftigen: Kopiere sie beide. Oder ein Artikel in einer Fachzeitschrift belegt genau das Argument, das du auch anführen willst: Kopiere den gesamten Artikel. Du findest einen passenden Onlinebeitrag oder eine Webseite: Drucke sie aus. Dein Ziel ist es, von jeder Quelle eine Kopie zur Verfügung zu haben.

Dieses Vorgehen hat zahlreiche Vorteile. Erst einmal kannst du die Kopien einfach transportieren, das ist leichter, als alle Bücher und Zeitschriften mit sich herumzuschleppen. So kannst du deine Quellen immer an deinen Lieblingslernplatz oder zur Sprechstunde mit deiner Prof mitnehmen. Zweitens sind die Informationen so leichter zugänglich – weder musst du dich durch dicke Schinken wühlen noch ewig auf deiner Festplatte nach einem bestimmten Artikel suchen. Alle Informationen, die du brauchst, befinden sich in dem Stapel Kopien. Außerdem kannst du deine Quellen nun räumlich organisieren, zum Beispiel, indem du verschiedenen Autoren verschiedene Stapel zuweist, relevante Argumente mit Büroklammern zusammenfasst oder nach Themen geordnete Mappen anlegst. Sean, Einserkandidat von der Yale University, gibt folgenden Tipp: »Häufig ist es leichter etwas zu begreifen, wenn du es auf Papier vor dir hast.« Außerdem kannst du ungestraft auf dem Papier

Anmerkungen machen. »Ausdrucke und Kopien haben vor Büchern oder digitalen Kopien einen großen Vorteil«, erklärt Harvard-Studentin Christine, »du kannst bis zum Abwinken Notizen auf ihnen machen.« Unterstreiche, heb hervor, mache Pfeile, streiche durch, betone wichtige Textteile mit großen Sternen, setze Ausrufezeichen.

Mit diesem Ansatz stellst du im Großen und Ganzen sicher, dass diese Quelle für dich funktioniert. Jedoch gibt es einige Dinge, die du dabei beachten solltest. Vergewissere dich zunächst, dass du jede Kopie mit allen Informationen beschriftest, die du später zum Zitieren brauchst. Wenn du zum Beispiel ein Buchkapitel fotokopierst, notiere auf der ersten Seite den Namen des Buches, den/die Autor(en), den Verlag und seinen Standort. Oder du kannst auch, wenn du das lieber hast, Christines Rat folgen und einfach »eine Fotokopie des Titels und der Copyright-Informationen machen«, wie sie auf der Vorderseite des Buches zu finden sind, damit du sie später bei der Erstellung des Literaturverzeichnisses für deine Arbeit verwenden kannst und sicherstellst, dass du »nicht zurück in die Bibliothek wetzen musst, um in letzter Sekunde noch eine Quellenangabe zu ergänzen«.

Mach außerdem eine Kopie des Literaturverzeichnisses jeder Quelle. So kannst du auch eine weitere Quelle, die du miteinbeziehst, korrekt belegen. Bei Artikeln ist das Literaturverzeichnis fast immer am Ende angefügt, bei Büchern, die Endnoten haben, schaust du am Ende des Kapitels oder des gesamten Werks.

3. Mach Notizen

Die richtigen Quellen zu finden, ist natürlich nur der erste Schritt. Ein Stapel Fotokopien ist wertlos, wenn du nicht weißt, was drinsteht und wie du die Informationen für deine Argumentation nutzen kannst. Du musst dir einen Überblick über die Quellen verschaffen und dir präzise Notizen über – wenn vorhanden – relevante Inhalte machen.

Aber das Wie ist hier das Entscheidende: Auf den ersten Blick mag man meinen, das Vorgehen aus Teil II wäre hier richtig, wie ich es für Textaufgaben beschrieben habe. Mach das nicht – das wäre zu viel des Guten. In dieser Phase solltest du dem Rat des Dartmouth-Studenten David folgen: »querlesen, querlesen, querlesen.« Präziser: Lies dir den Text schnell durch. Jedes Mal, wenn du auf eine Definition oder eine wichtige Aussage stößt, die zu deinem Thema passt, notiere dir die Seitenzahl und eine *kurze* Zusammenfassung – das kannst du mit der Hand oder auf dem Computer machen. Führt der Autor beispielsweise einen bestimmten Punkt aus, der dein Thema betrifft, notiere nur grob, worum es hier geht. Hier spielt es keine Rolle, wie er seine Meinung begründet, wie es bei einem schriftlichen Referat der Fall wäre. Hast du ein Buch zu deinem Thema gefunden, dann »such dir nur die Kapitel heraus, die wirklich einen Aspekt des Themas behandeln, das dich interessiert … es ist nicht nötig, das ganze Buch zu lesen!«, lautet der Ratschlag von Anna, Einserkandidatin vom Dartmouth College. Wenn du mit deinen Notizen fertig bist, hefte sie an die betreffende Quelle.

Im Allgemeinen dienen diese knappen Notizen nur als Hinweis darauf, wo sich die relevanten Informationen verstecken. Im nächsten Schritt, in dem es darum geht, all die vorhandenen Informationen zu organisieren, helfen dir diese Notizen, dabei schnell zu bewerten, wie wichtig jede einzelne Quelle für deine Arbeit ist. Daher musst du *nur* die Abschnitte aufmerksam lesen, die wirklich für deine Arbeit wichtig sind. Dieser Arbeitsschritt sollte dir nicht noch mehr Mühe bereiten, denn wie du bald feststellen wirst, sparen dir diese knappen Notizen am Ende eine Menge Zeit.

4. Entscheide, ob du fertig bist

Wann man mit diesem Schritt fertig ist, ist nicht leicht zu beantworten. Eine perfekte Formel für diese Frage wäre schön, aber es ist unmöglich, sie mit Gewissheit zu beantworten, denn es spielen hier zu viele Variablen hinein. Es gibt kurze Hausarbeiten, die auf zig Quellen beruhen, während andere längere Ausarbeitungen nur auf einer Handvoll Primärquellen aufbauen.

Das folgende Vorgehen soll dir eine *grobe* Richtschnur sein, um die Frage zu beantworten, ob du genügend Informationen durch deine Recherche zusammengetragen hast. Nicht vergessen: Hier geht es nur um Annäherungswerte. Du musst deine spezielle Fragestellung immer im Hinterkopf behalten. Aber diese Schritte können dir ein paar Hinweise darauf geben, ob du diese Phase der Haus- oder Projektarbeit abgeschlossen hast.

Vorgehen zur Entscheidungsfindung der Beendigung der Recherche

1. Erstelle eine Liste mit den Themen (spezielle Fragen, Fakten, Hintergründe aus deiner Recherche), die für deine These *wichtig* sind.
2. Liste die Themen auf, die deine These *möglicherweise* stützen.
3. Wenn du mindestens zwei gute Quellen für alle Themen von Punkt 1 hast und mindestens eine solide Quelle für die meisten Themen unter Punkt 2, dann bist du fertig. Ist das nicht der Fall, solltest du nach weiteren Quellen suchen.

Diese Kriterien sind recht vage, weil du zu diesem Zeitpunkt vermutlich noch nicht mit Bestimmtheit sagen kannst, wie es mit deiner Arbeitsthese weitergehen wird. Du kannst also noch nicht wissen, welche Informationen du genau noch brauchst, um deine These zu stützen. Aber mit diesem Vorgehen bekommst du eine verlässliche Schätzung. Indem du zwischen wirklich wichtigen und möglicherweise hilfreichen Informationen differenzierst, läufst du weniger Gefahr, einer abseitigen

Information hinterherzujagen, die du womöglich gar nicht brauchst. Das rät dir auch David vom Dartmouth College, der bei seiner Recherche ganz ähnlich vorgeht: »Ich sortiere meine Quellen in drei Stapel: sehr nützlich, vielleicht nützlich, nicht nützlich.« Um auf unser Beispiel von oben zurückzukommen, kannst du eine Liste mit »ausschlaggebenden« und »vielleicht hilfreichen« Themen zum Eiger und der Schweizer Identität zusammenstellen:

1. Punkte, die wichtig sind, um deine These zu stützen:

- grundlegende historische Informationen über den Eiger (Entdeckungsdatum, Erstbesteigung ...)
- Thesen zur schweizerischen kulturellen Identität um die Jahrhundertwende

2. Punkte, die hilfreich sein können, um deine These zu belegen:

- Autobiografien von an frühen Besteigungen Beteiligten
- historische Presseartikel (national, international)
- generelle Auseinandersetzung mit der Rolle des Sports und dem Nationalstolz

Fällt es dir schwer, ein Thema auf der zweiten Liste zu recherchieren, wäre es immer noch in Ordnung. Wenn du auf der anderen Seite keine Literatur zu den Punkten auf der ersten Liste findest, dann musst du noch einmal in die Bibliothek oder im Internet weiterschauen.

Im nächsten Schritt, wenn du beginnst die Gliederung der Hausarbeit zu entwerfen, ist davon auszugehen, dass du kurz noch mal die Recherche aufnehmen musst, um weitere Quellen zu finden, die bisherige Lücken auffüllen. Wenn du dem beschriebenen Vorgehen gefolgt bist, solltest du allerdings nur noch wenig Zeit mit weiterer Recherche verbringen – du hast einige Stunden in der Bibliothek gespart.

Schritt 5
Wie du eine fesselnde Story konzipierst

In diesem Schritt steckt der Zauber. Das ist der Teil einer Hausarbeit, der Spaß macht – der Moment der Erkenntnis. Bisher hast du schon eine überzeugende These aufgestellt (und kannst sie belegen), außerdem steht dir umfassendes, gut sortiertes und mit Anmerkungen versehenes Material zur Verfügung. Jetzt ist es an der Zeit, zu zeigen, was in deinem Hirn steckt, und die Einzelteile zu einer fesselnden Story zusammenzufassen. Anna vom Dartmouth College stellt fest: »Um eine tolle Hausarbeit zu schreiben, musst du Verbindungen aufdecken, an die vorher noch niemand gedacht hat. Und das schaffst du nur durch Nachdenken.« Jetzt sind wir an dem springenden Punkt, wo dieses Nachdenken passiert.

Formuliere deine Begründung

Frank, Einserkandidat von der Brown University, erklärt: »Du *musst* es vor dir sehen, wie die grundlegende Struktur deiner Arbeit aussehen soll. Gelingt es dir, deine Gedanken gut zu strukturieren, kann das eine solide recherchierte Arbeit in ein exzellentes akademisches Werk verwandeln.« Eine gut recherchierte Begründung kann man jedoch nicht systematisieren. In dieser Phase sind kritisches Denken und Kreativität gefragt. An der Uni sind selten feste Strukturen vorgegeben, wie man solche Argumentationen organisiert und automatisch damit eine gute Arbeit produziert. Wie schon zu Beginn von Teil 3 erwähnt, kommt man hier mit der simplen Struktur Einleitung/Hauptteil/Schluss aus der Schulzeit nicht weiter. Das ist zu einfach und die Profs beziehungsweise Lehrer erwarten da schon mehr.

Im Allgemeinen gehört zu einer guten akademischen Argumentationskette Folgendes:

1. Berufe dich auf bereits erschienene Werke zu demselben Thema, um den Kontext der Diskussion zu umreißen.
2. Führe deine These ein und stelle eingehend klar, wie sie sich zu bereits existierenden Werken zu ähnlichen Themen verhält.
3. Beweise deine These, indem du sie sorgfältig begründest und mit existierenden Argumenten, Beweisen und Primärquellen untermauerst.
4. Triff eine Voraussage darüber, wie sich die Ausweitung deiner These auf das gesamte Forschungsfeld auswirken könnte.

Allerdings gibt es keine bestimmte vorgegebene Reihenfolge oder ein Format, wie man diese allgemeinen Punkte präsentieren sollte. Eine Hausarbeit beginnt vielleicht mit der Definition des Kontextes und beschäftigt sich dann mit der These. Eine andere fängt mit der Hauptaussage an und belegt sie, bevor der breitere Zusammenhang des Themas vorgestellt wird. Viele Hausarbeiten verweben auch alle vier Aspekte.

Das Vorgehen hängt auch häufig von dem jeweiligen Fachbereich und seinen Konventionen ab.

Die bittere Wahrheit ist hier, dass du deine Argumentationsweise nur dadurch verbessern kannst, indem du es übst. Also schreib viel und lies viel, vor allem schlüssige Argumentationen. Das ist das beste Rezept, um deine Fertigkeiten in dieser Phase zu verbessern.

Vor diesem Hintergrund gibt es einige *generelle* Hinweise, wie man ein Argument formuliert. Hier geht es nicht darum, was du sagst, sondern wie du dein Gehirn auf Betriebstemperatur bringst und deine kreative Ader anregst.

- **Tipp 1**: Wenn es darum geht, die Gliederung deiner Arbeit anzufangen, bring dein Gehirn in Wallungen: Nimm dir eine Ausgabe vom *ZEIT-Magazin, brand eins, Monopol* oder einer anderen Zeitschrift, die gut gemachte Diskussionen und Essays präsentiert. Schau dir einige Artikel genau an und geh dann in Ruhe ein Stück spazieren. Alternativ schlägt David vom Dartmouth College vor: »Unterhalte dich mit Freunden über deine These. Gute Freunde hören mit Vergnügen zu, wenn man herumspinnt und ihnen die eigenen Gedanken erklärt.« Genauso gut kannst du dich in eine staubige Ecke einer alten Bibliothek mit Holztäfelung und Plüschsessel zurückziehen oder mit deiner Professorin in ihrer Sprechstunde deine These besprechen. Lies dir noch einmal themenspezifische Artikel und einige Kapitel aus deinem Studienplan durch. Schau dir eine Doku im Fernsehen an. Mach einfach alles, was dein Gehirn inspiriert und neugierig macht.
- **Tipp 2:** Nimm dir nun deine Materialien aus der letzten Phase vor. Musst du ein schriftliches Referat oder eine Erörterung zu einer Lektüre erstellen, hast du nun nur einige Bücher und deine Lektüreanmerkungen, auf die zu zurückgreifst. Geht es um eine Projekt- oder Hausarbeit, ist es vielleicht ein großer Stapel mit Kopien und ausgedruckten Artikeln. Egal, worum es geht, stürze

dich in diese Informationen und lass die relevanten Aspekte sich in deinem Hirn zurechtrütteln. Jetzt kommen deine Notizen zum Zuge: Sie schubsen dich in die richtige Richtung, was interessant und was wichtig ist, und sie helfen dir, Irrelevantes zu ignorieren.

- **Tipp 3:** Mach eine Pause. Beschäftige dich mit etwas anderem. Im Hinterkopf fliegen die Informationsschnipsel von allein herum, das ist in Ordnung so. »Das Erste, was ich mache, wenn ich eine Hausarbeit zu schreiben anfange, ist ein Nickerchen«, erzählt Laura, Einserkandidatin vom Dartmouth College. »Ich leg mich einfach ins Bett und denke nach ..., wenn ich noch bei meinem Thema bin und einschlafe, träume ich davon. Beim Aufwachen habe ich dann meistens irgendeine brauchbare Idee.« In eine ähnliche Richtung geht folgender Ratschlag: Suche nach kleinen Gelegenheiten, bei denen du dir Gedanken über die Hausarbeit machen kannst. »Ich überlege mir, wie ich die Hausarbeit angehe, während ich Dinge im Haushalt erledige, wenn ich zum Unterricht gehe oder in der Mensaschlange warte«, berichtet Anna vom Dartmouth College. Nutze »sinnlose« Zeit, dir deine Argumente vor Augen zu führen und spiele ein wenig in Gedanken mit einer möglichen Gliederung. Wann immer es nötig ist, schau noch mal in deine Aufzeichnungen oder die Quellen, um dein Verständnis zu vertiefen oder Details zu entdecken. Du musst dich immer wieder mit dem vorhandenen Material beschäftigen, um es wirklich zu verstehen. Nur dann kannst du eine optimale Argumentation abliefern.

Den Text gliedern

Die Gliederung leitet deine Argumentation, mit der du schon so viel Zeit gedanklich verbracht hast. Jedoch sind *nicht* alle Gliederungen gleich gut. Die meisten Studentinnen und Schüler machen dabei zwei Fehler.

Erstens: *zu grobe Skizzierung*. Gehst du bei deiner Gliederung zu wenig ins Detail, verfehlt sie ihr Ziel, nämlich deinen Text zu strukturieren und ihm einen roten Faden zu verleihen. Dann wirkt dein Schreiben, als hättest du gar keine Gliederung. Das gilt es, auf alle Fälle zu vermeiden. »Auf dem Gymnasium habe ich all meine Arbeiten einfach heruntergeschrieben, habe mit der Einleitung begonnen und danach Satz für Satz formuliert und korrigiert«, erinnert sich Christine von der Harvard University. »Auf dem College bin ich ein echter Fan von Gliederungen geworden. Sie leitet meinen Text. Daher sind meine Aufsätze viel besser begründet und ich habe einen roten Faden in meiner Argumentation … und seitdem ich das beherzige, kann ich Themenblöcke herumschieben, bis sie einer nachvollziehbaren Ordnung und Logik folgen. Die Zeiten, dass ich mich damit herumschlug, rhetorisch von einem Gedanken zum nächsten überzuleiten, sind damit vorbei.«

Der zweite Fehler besteht darin, deine Hausarbeit *zu detailliert zu gliedern*. Einige Schüler und Studentinnen konstruieren fein ziselierte Gliederungen, die drei oder vier Ebenen beinhalten – mit lateinischen oder arabischen Ziffern, Buchstabenordnungen oder Bulletpoints. Vergiss es. Solche detaillierten Ordnungen schränken dich ein, wie Harvard-Studentin Doris: »Ein Fallstrick besteht darin, nicht über die Gliederungsphase hinauszukommen. Ich kenne Studis, die viel zu viel Zeit damit verbringen, an ihrer Gliederung herumzuschrauben, obwohl sie schon lange mit dem eigentlichen Schreiben hätten anfangen können.« Bist du soweit, dass du mit dem Schreiben anfangen kannst, dann stellt eine Gliederung, die eigentlich schon alles aussagt, ein Hindernis dar. Ins Detail zu gehen gehört in die Phase des Schreibens, nicht in die der Gliederung. Erst wenn du den Text in die Tastatur eingibst, wirst du einen Weg finden, jede Information in die richtige Reihenfolge zu bringen, sodass der Text in einen Fluss kommt. Überlass solche Entscheidungen nicht der Gliederung.

Die goldene Mitte zwischen diesen beiden Extremen ist eine Gliederung, die sich an Themen orientiert. Bevor ich weiter auf diesen Prozess eingehe, möchte ich erst einmal deutlich machen, was ich mit

»Thema« meine. Hier verwende ich den Begriff für einen unabhängigen Gedanken, den du in deiner Arbeit darstellen möchtest. Das ist normalerweise umfassender als ein einzelner Beleg, aber auch spezifischer als ein aus mehreren Punkten bestehendes Argument. Im Folgenden gebe ich einige Beispiele für Themen für eine mögliche Hausarbeit zum Themenschwerpunkt Eiger:

- Unsere These über den Eiger und die Schweizer Identität
- Frühe Berichte über den Eiger
- Erstbesteigung
- Aktuelle Presseberichte über versuchte Eiger-Besteigungen
- Erwähnung des Eigers in der Populärkultur des frühen 20. Jahrhunderts
- Erwähnung des Eigers in schweizerischen Tourismusbroschüren des frühen 20. Jahrhunderts
- MacMillans These über die Alpen und die europäische Identität
- Der Zusammenhang zwischen unserer These und MacMillans Aussagen
- Abschließende Betrachtung unserer These – Schlussfolgerungen und zukünftige Forschung

Wir beginnen mit der Gliederung, indem wir eine grobe Struktur entwerfen. In dieser Liste sind alle Themen aufgeführt, die du in deiner Hausarbeit bearbeiten wirst, in der geplanten Reihenfolge. Tippe diese Liste gleich in deinen Computer, denn später kommst du auf sie zurück, um Text unter die einzelnen Punkte einzufügen.

Dieses Themenskelett gibt die Struktur deiner Argumentation vor. Beispielsweise ordnen wir die oben genannten Themen für unsere fiktive Eiger-Hausarbeit zu folgendem Skelett:

1. Erwähnung des Eigers in schweizerischen Tourismusbroschüren des frühen 20. Jahrhunderts
2. MacMillans These über die Alpen und die europäische Identität

3. Unsere These über den Eiger und die Schweizer Identität
4. Frühe Berichte über den Eiger
5. Erstbesteigung des Eigers
6. Aktuelle Presseberichte über versuchte Eiger-Besteigungen
7. Erwähnung des Eigers in der Populärkultur des frühen 20. Jahrhunderts
8. Der Zusammenhang zwischen unserer These und MacMillans Aussagen
9. Abschließende Betrachtung unserer These – Schlussfolgerungen und zukünftige Forschung

In der Gliederung ist zu dem Zeitpunkt keine Rede von Belegen, aber sie lässt schon die Argumentation erahnen. In einer idealen Welt hast du mindestens eine oder zwei relevante Quellen, die den jeweiligen Punkt stützen. Während des Ausformulierens wirst du aber wahrscheinlicher an den Punkt kommen, dass du ein weiteres Thema aufnehmen musst, für das du noch keine Quellen hast. Das ist in Ordnung. Wie bereits im letzten Schritt erwähnt, fallen dir mögliche Löcher in der Argumentation, die gefüllt werden müssen, erst in der Phase des Schreibens auf. Denn nur beim Ausformulieren wird offensichtlich, wo du einen Argumentationsschritt übersprungen hast. Sobald dein Themenskelett fertig ist, kehrst du zum vorigen Schritt zurück, um Belege für die bis dahin unbewiesenen Punkte zu finden. Hast du das Vorgehen zur Entscheidungsfindung der Recherchenbeendigung befolgt, sollte das nicht häufig passiert sein.

Details in der Themengliederung nachtragen

Sobald dein Themenskelett steht und du alle Quellen beisammenhast, ist es an der Zeit, die Belege anzufügen. Dieser Schritt ist entscheidend. Christine von der Harvard University erklärt: »Unter jeder fetten Überschrift [in meiner Themengliederung] sammele ich in Normalschrift die

Beweise, die diese Überschrift betreffen.« Darüber hinaus solltest du jetzt schon Zitate aus deinem Recherchematerial einfügen und sie mit der entsprechenden Quelle und Seitenzahl versehen. Unter dem Thema »Erstbesteigung des Eigers« könntest du beispielsweise Zitate aus verschiedenen Büchern anbringen und Aussagen von aktuellen Zeitschriftenartikeln kurz darstellen. Einige von ihnen können auch unter dem Thema »Aktuelle Presseberichte über versuchte Eiger-Besteigungen« auftauchen. In diesem Punkt ist es zulässig, Informationen unter zwei Themen aufzuführen, da du später entscheiden wirst, welches Zitat du an welchem Ort einsetzt. An dieser Stelle ist Vorsicht unangebracht: Pack das Zitat in den Text, wenn es dir relevant erscheint.

Vielleicht erscheint dir dieser Schritt hier übertrieben, denn wenn du mit ihm fertig bist, strotzt deine Gliederung vor Zitaten, die möglicherweise sogar den maximalen Gesamtumfang der Arbeit sprengen. Doch glücklicherweise wird dieses Vorgehen dadurch vereinfacht, dass du die Materialien gut vorbereitet hast. Da du alle Quellen kopiert und mit Anmerkungen versehen hast, ist der Zugriff zu allen relevanten Beweisen viel leichter, als wenn du wieder zurückgehen müsstest, um einen Blick in die Bücher zu werfen. Außerdem hat diese detaillierte Gliederung viel mehr Vor- als Nachteile. Robert, Einserkandidat von der Brown University, dazu: »Ich habe festgestellt, dass ich mit diesem Verfahren vermeiden kann, mich durch einen Stapel von Büchern und Artikeln zu wühlen, um die Informationen zu finden, die ich beim Schreiben benötige.«

Denk dran, Einserkandidaten zielen darauf ab, jede Phase der Hausarbeit getrennt voneinander zu bearbeiten. In der Schreibphase willst du nicht mehr auf der Jagd nach dem passenden Zitat in Büchern blättern. Das kostet Zeit und Energie, nervt und beeinträchtigt die Qualität deines fertigen Texts. Darum ist es so wichtig, dass du die relevanten Informationen alle schon vorher aus den dir zu Verfügung stehenden Quellen ziehst. Danach besteht das Schreiben nur noch darin, ein Gebäude um das fertige Skelett mit strukturierten Informationen zu bauen.

Schritt 6

Befrag deine Expertenrunde

»Ich gehe meine Gedanken mit meinen Freunden durch«, erzählt Suzanne, Einserkandidatin von der Brown University. »Und deswegen bin ich mit meiner Argumentation ganz zufrieden, wenn ich mich zum Schreiben hinsetze.« Suzanne bestätigt eine wichtige Beobachtung: Je mehr Input du zu deiner Arbeit bekommst, desto besser wird sie am Ende. Und weil es so einfach ist, jemanden um eine Meinung zu bitten, könntest du genauso gut deine Gliederung einigen Freunden, denen du vertraust, zum Lesen geben. Im Einserkandidatenlexikon findet man diesen Ratschlag unter »Befrag deine Expertenrunde«. Diese Technik ist so beliebt, weil du selbst recht wenig tun musst, aber der Einfluss auf deine Arbeit gewaltig ist. Das ist der finale Kick, der deiner Gedankenfolge nicht nur das Prädikat »interessant«, sondern »fesselnd« verleiht. So wird deine Projekt- oder Hausarbeit nicht nur solide, sondern herausragend.

Auswahl deiner Expertenrunde

Die Größe der Runde sollte der Bedeutung der Arbeit entsprechen. Geht es um ein einseitiges Arbeitspapier, das nur 5 Prozent deiner Endnote ausmacht, dann reicht es, wenn du allein die Expertin oder der Fachmann bist. Schreibst du ein normales Referat, reichen vermutlich zwei andere Meinungen aus. Arbeitest du aber an einer Projekt- oder Hausarbeit, die einen wesentlichen Teil deiner Note ausmacht, können es bis zu fünf oder sechs ausgewählte Personen sein, deren Meinung am Ende den Unterschied ausmachen kann.

Wen solltest du in deine Expertenrunde berufen? Als Erstes ist es natürlich deine Professorin oder dein Lehrer. Solange er nicht sagt, dass er sich keine unfertigen Arbeiten anschaut (was Lehrpersonen manchmal tun, weil das bei großen Kursen zu viel Arbeitsaufwand mit sich bringen würde), solltest du ihm auf alle Fälle deine Gliederung in der Sprechstunde präsentieren. Besprich mit ihm, wie du argumentieren willst und was deine Quellen sind. Meistens hat die Lehrperson noch präzise Hinweise für dich, wie du deine These präsentieren kannst. Vielleicht ist eine andere Anordnung der Belege sinnvoller, oder ihr fällt noch ein Aspekt ein, den du berücksichtigen solltest. David vom Dartmouth College hat die Erfahrung gemacht, dass eine Besprechung mit der Lehrperson »auch dabei hilft, ein besseres Verhältnis zu ihr zu bekommen, weil man dann ein Gefühl dafür bekommt, was sie von einem erwartet«.

Du hast dich zwar schon in Schritt 3 mit deinem Lehrer oder deiner Professorin ausgetauscht (»Hol dir eine zweite Meinung ein«), aber keine Sorge. Es spricht nichts dagegen, dich mit der Lehrperson über dieselbe Hausarbeit ein zweites Mal zu unterhalten. Das erste kurze Treffen sollte sicherstellen, dass du die richtige Richtung mit deinem Thema einschlägst, jetzt geht es darum, mehr ins Detail zu gehen und zu überprüfen, ob du dein Ziel mit dem geplanten Weg auch wirklich erreichst. Andere Studis besprechen sich mit ihrem Prof viel häufiger, sogar ein- oder zweimal in der Woche. Das ist eindeutig zu viel und vermutlich unnötig, wenn du die Strategie aus diesem Buch anwendest. Aber ich kann dir garantieren, dass zwei Besprechungen wirklich nicht zu viel Zeit deines Prof beanspruchen.

Abgesehen von der Lehrperson schlägt David vor: »Wenn du schlaue Freunde hast, bitte sie auch um Hilfe.« Freunde, die denselben Kurs wie du besuchen, sind da ein Volltreffer, weil sie die Fragestellung und ihre Tücken besser verstehen. Wenn du die Leute aus dem Kurs nicht gut genug kennst, dann frag jemanden aus deinem Freundeskreis, der etwas Ähnliches studiert oder sich in einer vergleichbaren Ausbildung befindet. Wenn du zum Beispiel eine Hausarbeit in Geschichte verfasst, ist es zielführender, mit einem Geisteswissenschaftler zu sprechen als mit einer Ingenieurswissenschaftlerin, denn Ersterer kennt sich besser mit dieser Art Fragestellung aus.

Verabrede dich mit jedem Einzelnen für eine halbe Stunde. Erklär die Fragestellung, deine These und danach deine Gliederung. Was sind deine wichtigsten Argumente? Deine Freunde werden dich darauf aufmerksam machen, wenn etwas in der Struktur unklar oder überflüssig sein sollte. »Wenn du deine Argumentation rational und Schritt für Schritt erklären kannst und viele Quellen hast, auf die du dich bei der Untermauerung deines Arguments stützen kannst, dann kannst du loslegen«, erklärt Jason, Einserkandidat von der University of Pennsylvania.

Doch eine letzte Warnung: Bevor du dich mit jemandem aus deinem Kurs triffst, vergewissere dich, dass das von der Lehrperson aus in Ordnung ist. Einige verbieten bezüglich Projekt- oder Hausarbeiten einen Austausch unter Kommilitoninnen beziehungsweise Mitschülern.

Schritt 7
Schreiben ohne Quälerei

Wenn du bisher die Strategie der Einserkandidaten verfolgt hast, sollte der Prozess, eine hervorragende Haus- oder Projektarbeit zu verfassen, jetzt keine allzu große Hürde mehr sein. Dieser Schritt ist kein Hexenwerk. Mittlerweile weißt du, was du in welcher Reihenfolge zu sagen hast, sodass du nur noch deine bereits gut ausgearbeiteten Argumente klar vermitteln musst. »Sobald meine Gliederung steht, entspannt sich mein Gehirn«, berichtet Jeremy, Einserkandidat vom Dartmouth College. »Ich muss mir keine Gedanken mehr darüber machen, wie ich die Hausarbeit strukturiere, sondern nur noch überlegen, wie ich meine Punkte am besten formuliere.«

Allerdings darf man nicht vergessen, dass es in diesem Buch nicht um das Handwerk des Schreibens geht. Das wirst du dir schon selbst aneignen müssen. Doch generell gilt: Je mehr du auch außerhalb des Unterrichts schreibst, desto besser. Schreib also so viel wie möglich, um deine Fertigkeit dieser Kulturtechnik zu verbessern. Hab also keine Scheu, dir den *Duden* oder ein vergleichbares Werk auf den Schreibtisch zu legen, in dem sich viele Hinweise auf Schreibung und Stil befinden, oder blättere eines der zahllosen Werke über akademisches Schreiben und Schreiben im Allgemeinen durch. Sie helfen dir, dich auf den Text zu konzentrieren und deinen Stil zu verbessern, denn Profs und Lehrer wissen eine klare Darstellung zu schätzen.

Abgesehen davon gibt es nicht mehr viel zu sagen, denn du weißt, was du zu tun hast: Bringe Worte zu Papier. Das ist nicht leicht, aber wenn du die bisherigen Schritte getan hast, wird es dir viel leichter fallen als den meisten. Eine Hausarbeit zu verfassen muss keine Höllenqual sein. Ich gebe dir jetzt nur noch drei kurze logistische Hinweise, die dir dabei helfen sollen, deine Schreibfähigkeiten mit deiner guten Vorbereitung zu kombinieren, um die bestmögliche Arbeit zu verfassen:

Trenne die Schreibphase von den Schritten, die davor und danach kommen

Greta, Einserkandidatin vom Dartmouth College, beschreibt ihren Schreibprozess folgendermaßen: »Zu Beginn lege ich einen Zeitplan fest, zum Beispiel fünf Tage lang jeden Tag zwei Seiten schreiben, dann einen Tag lang überarbeiten.« Ryan, ein anderer Dartmouth-Student, gibt zu: »Eigentlich plane ich nur zwei Tage für das Schreiben an sich ein, die Recherche habe ich dann normalerweise schon einige Wochen vorher abgeschlossen.« Das Vorgehen dieser beiden folgt einer einfachen Regel: Trenne die Recherche sauber vom Schreiben und das Schreiben von der Überarbeitung.

Das ist natürlich nicht unbedingt praktikabel, wenn deine Aufgabe darin besteht, nur eine kleine Literaturanalyse zu verfassen. Aber wenn es um eine große Hausarbeit geht, dann ist diese saubere Trennung entscheidend. Ein frischer Kopf bringt die besten Ergebnisse hervor. Und das fällt schwer, wenn du gerade erst einen anstrengenden Morgen in der Bibliothek mit der Suche nach Quellen hinter dich gebracht hast. Genauso wenig effektiv ist es, die Textteile, die du tagsüber geschrieben hast, abends zu überarbeiten. »Ein bisschen zeitliche Distanz sorgt dafür, dass du dich beim nächsten Mal besser auf deine Hausarbeit konzentrieren kannst«, erklärt Dartmouth-Student Jeremy.

Schreib in Abgeschiedenheit

Schreiben erfordert höchste Konzentration. Wenn du in einer Umgebung schreibst, in der viele Hintergrundgeräusche existieren, lenkt dich das ab, und deine Effizienz leidet extrem. Wenn du also einen Laptop besitzt, ziehe dich in die stille letzte Ecke zurück, um an deiner Hausarbeit zu schreiben. Suzanne von der Brown University erzählt: »Am produktivsten bin ich dort, wo totale Ruhe herrscht und ich von außen nicht abgelenkt werde. Ich arbeite zum Beispiel gern im Magazin der Bibliothek.« Wie ich bereits im Teil 1 betont habe, solltest du wenn möglich Gruppenräume, den geschäftigen Teil der Bibliothek oder Computerlabore meiden. Sie sind laut und »ständig triffst du jemanden, den du kennst und fängst an zu plaudern«, erzählt Rielle von der Brown University. Verfügst du über keinen Laptop, dann arbeite an deinem Computer zu Hause und warte, bis deine Mitbewohner weggegangen sind. Im ärgsten Fall kannst du sie im Voraus bitten, für einige Stunden zu verschwinden, damit du in Frieden arbeiten kannst. Außerdem solltest du die Zeiten, in denen du schreibst, für die Stunden reservieren, in denen deine Energiekurve am höchsten ist. Bei mir ist das gleich nach dem Frühstück mit einem Kaffee. Bei anderen ist die beste Arbeitszeit am frühen Abend vor dem Abendessen oder am Nachmittag nach etwas Sport. **Der Punkt ist, dass das Schreiben vermutlich die anstrengendste intellektuelle Herausforderung ist, die dir als Studi oder (Berufs-)Schülerin je begegnen wird – jedenfalls, was den Grad der nötigen Konzentration angeht.** Im Gegensatz zum Lesen, Aufgabenlösen oder Lernen brauchst du zum Schreiben deine ganze Energie und Konzentration.

Halte dich an deine Gliederung und nimmt dir Zeit

Chris vom Dartmouth College hat einen einfachen Rat parat, um beim Schreiben voranzukommen: »Ich nehme die Gliederung als Wegweiser und arbeite auf dieser Grundlage weiter, Absatz für Absatz.« Mach es ebenso. Deine Gliederung gibt dir vor, wie der Text inhaltlich gestaltet ist. Stelle jedes Thema klar und überzeugend dar und belege deinen Gedanken mit Zitaten durch »kopieren und einfügen« direkt an der geeigneten Stelle. Konzentriere dich auf den Abschnitt, an dem du gerade arbeitest. Jetzt brauchst du dir um die Struktur der Arbeit oder Quellen keine Gedanken zu machen und kannst dich voll und ganz der klaren und guten Formulierung widmen.

Bevor du zu dem nächsten Abschnitt übergehst, stelle sicher, dass deine Gedanken für jemand anderen beim Lesen klar verständlich sind. Gelegentlich haben Studis damit Erfolg, den ersten Entwurf schnell hinzuwerfen und ihn danach gründlich mehrfach zu überarbeiten. Weil du aber von einer detaillierten Gliederung ausgehst, gelingt es dir besser, gleich beim ersten Mal sorgfältig zu schreiben – und es spart dir Zeit. Zu schnell voranzugehen führt leicht dazu, später viel Zeit damit zu verbringen, am Ende Passagen umzuschreiben.

Glaub es oder nicht, das ist alles, was du wissen musst. Also keine Angst vor dem Schreiben! Wenn du unser System anwendest, wird dieser Schritt nicht übermäßig viel Zeit in Anspruch nehmen, obgleich er sehr anspruchsvoll ist. Nachtschichten kannst du den anderen überlassen, schreib deine erste Fassung schnell und effektiv nieder und dann geh raus und amüsiere dich.

Schritt 8
Überarbeiten, aber nicht übertreiben

Die Überarbeitung deiner Haus- oder Projektarbeit ist wichtig – das wird niemanden überraschen. Gibst du sie mit Rechtschreib- und Grammatikfehlern ab, wird deine Prof oder dein Lehrer aus gutem Grund enttäuscht sein, und wahrscheinlich wirken sich Fehler negativ auf deine Gesamtnote aus. Selbst wenn dein Gedanke oder deine Argumentation brillant ist, stolpert man doch über solche einfachen Fehler. Der letzte Arbeitsschritt besteht also darin, solche Missgeschicke aus deinem Text zu entfernen.

Auf der anderen Seite solltest du es aber mit der Überarbeitung auch nicht übertreiben. Viele sind dann darauf fixiert, die Arbeit 100-prozentig perfekt machen zu wollen, mit dem Effekt, dass sie jede neue Überarbeitung nochmals überarbeiten. Solche Selbstgeißelung kommt häufig bei umfassenden Forschungsarbeiten vor. Nachdem man so viel Arbeit in dieses Meisterwerk an intellektuellem Scharfsinn gesteckt hat, bekommt man Angst, sein Baby in die Welt zu entlassen. Dieser Zustand ähnelt ein bisschen dem Stockholm-Syndrom – und es ist die Pest. »Man kann eine Hausarbeit ewig überarbeiten und immer noch nicht zufrieden sein«, erinnert sich Frank von der Brown University. »Es ist wichtig, irgendwann die Entscheidung zu treffen, das verdammte Ding einfach auszudrucken und es seinem Schicksal zu überlassen.«

Wir geben dir hier ein einfaches System an die Hand, das dir hilft, peinliche Rechtschreibfehler und komplizierte Satzkonstruktionen auszumerzen, ohne zu einem Grammatikpsycho zu mutieren. Auf der Grundlage der Tipps, die ich von meinen Einserkandidaten bekommen habe, erfüllt dieses System die obigen Kriterien. Dazu bedarf es drei einfacher Durchläufe – nicht mehr und nicht weniger. Denjenigen, die ihre Arbeit endlos Korrektur lesen, mögen drei Durchgänge verdächtig wenig erscheinen. Oder für das andere Extrem: Falls du zu den Leuten gehörst, die unter Überarbeitung verstehen, die Rechtschreibprüfung vom Textverarbeitungsprogramm durchlaufen zu lassen, hört es sich entsprechend nach Zeitverschwendung an. Aber lass mich dir versichern, das System ist effizient und erfüllt seinen Zweck. Wie wir gleich sehen werden, ist der Schlüssel zum Erfolg, bei jedem Durchgang die Aufmerksamkeit auf etwas anderes zu richten. Und so funktioniert es:

Erster Durchgang: Argumentation checken

Den ersten Durchgang machst du vor dem Monitor. Lies den Text aufmerksam durch und konzentriere dich darauf, wie du deine Argumente präsentierst – kleinere Grammatikfehler kannst du jetzt ignorieren. Nimm dir einen Absatz nach dem anderen vor. Wenn ein Satz umständlich formuliert ist, sorge dafür, dass der Sinn klar verständlich ist. Erklärst du in einem Absatz etwas, das du schon zuvor dargestellt hast, wirf ihn gnadenlos raus. Hast du einen Gedanken nicht genug ausgeführt, füge die nötigen Details in weiteren Sätzen hinzu. Fehlt eine Überleitung zwischen Themen oder Absätzen, ergänze sie.

Schaue auch nach gröberen Lücken in der Struktur. Manchmal merkt man nicht, dass die Gliederung nicht optimal war, bis man den ersten Entwurf fertiggeschrieben hat. Keine Angst, wenn du größere Abschnitte oder Kapitel hin und her schieben musst. Jetzt hast du noch die Chance, die Struktur der Hausarbeit zum Besseren zu verändern, also nutze sie! Nimm dir die Überarbeitung vor, wenn du ausgeruht bist und keine drängenden Termine hast. Bei einer umfassenden Arbeit solltest du die Korrektur über mehrere Tage verteilen..

Nach diesem Durchgang stecken vielleicht noch kleinere Fehler in deiner Arbeit. Das ist okay. Die kommen als Nächstes dran. Das Ziel dieses Durchlaufs ist es, deine Argumentation so lange zu verbessern, bis sie jeden deiner Gedanken in der gewünschten Reichenfolge darstellt – und du zufrieden bist. Wenn du damit fertig bist, hast du das Grobe schon im Sack.

Zweiter Durchgang: Laut lesen

Der Durchgang, in dem du deine Argumentation überprüfst, ist wichtig, reicht aber noch nicht aus. Robert von der Brown University erläutert: »Meine Hausarbeiten lesen sich immer ganz anders auf Papier als auf dem Monitor.« Melanie, Einserkandidatin vom Dartmouth College, ergänzt: »Ein Ausdruck zum Durchlesen und Anmerkungen machen ist absolut notwendig.«

Entsprechend druckst du die Arbeit für den nächsten Durchgang aus und ziehst dich mit ihm in eine ruhige Ecke zurück. Nimm dir einen Stift und fang an, den Text *laut* zu lesen – das ist entscheidend. Nicht schummeln! Lies mit lauter Stimme und tue so, als würdest du einen Vortrag halten, damit du jedes Wort klar aussprichst. Das kann bei einer umfangreichen Arbeit recht lange dauern, also nimm diesen Schritt über einige Tage verteilt vor. Du kannst auch dafür sorgen, dass du Wasser oder heißen Tee parat hast, damit du deine Stimme ölen kannst. Was immer du tust, um das dezidierte Aussprechen jedes Wortes kommst du nicht herum.

Während sich der erste Durchgang auf den Inhalt beschränkte, geht es jetzt darum, all die kleinen Fehler zu entdecken und zu beseitigen, die einen Leser bei der Lektüre stören und ablenken könnten. Fällt dir beim Lesen ein grammatikalischer Fehler oder eine zu komplizierte Satzkonstruktion auf, markiere das auf dem Papier. Fang den Absatz noch mal ganz von vorne an und lies ihn mit deiner Verbesserung. Wenn du das gesamte Dokument durchgearbeitet hast, geh zurück an den Computer, um deine Änderungen zu übertragen. Warnung: Dieser Schritt dauert immer länger, als man glaubt, daher plane dafür genügend Zeit ein.

Hinter diesem Durchgang steckt eine einfache Überlegung, die Ryan vom Dartmouth College so erklärt: »Laut lesen hilft, noch Tippfehler oder unglückliche Formulierungen zu entdecken, die man nicht mitbekommt, wenn man sich die Arbeit nur still im Kopf durchliest.« Es ist gleichgültig, wie häufig man sich einen Text im Stillen durchliest – das Hirn überspringt etwaige Sätze, die ungeschickt formuliert sind, wenn es sich um unseren eigenen Text handelt. Wenn man die Sätze hingegen laut ausspricht, nimmt das Ohr die kleinsten Unregelmäßigkeiten wahr und lässt uns aufhorchen. »Ein Text, der auf Papier gut aussieht, klingt auf einmal seltsam oder schlecht formuliert, sobald man ihn laut hört«, stellt Jeremy vom Dartmouth College klar. Wenn du also deinen Text laut vorliest, entdeckst du die meisten Fehler in einem Durchgang – und das nimmt weniger Zeit in Anspruch als die vielen stillen Durchgänge, die du benötigen würdest, um ein ähnliches Resultat zu erzielen.

Dritter Durchgang: Gesundheitscheck

Da du den beiden ersten Durchgängen so viel Aufmerksamkeit geschenkt hast, bist du fast fertig, und du hast die Arbeit erst zweimal durchgelesen! Nur um sicherzugehen, dass dir kein peinlicher Schnitzer entgangen ist, ist es sinnvoll, noch einen schnellen Durchgang auf einem Ausdruck durchzuführen, bevor du die Arbeit abgibst. Dieses Mal brauchst du den Text nicht laut zu lesen und du kannst ihn auch ein wenig schneller durchgehen. Aber nutze für diesen Schritt auf alle Fälle einen Ausdruck, denn dort fallen dir Tippfehler eher auf als am Computer. Wenn möglich, leg zwischen den ersten beiden Durchgängen und diesem eine Pause ein. Wenn du die Zeit hast, kannst du ihn auch am Morgen vor der Abgabe erledigen, denn jetzt sollten sich in dem Text keinen gravierenden Fehler mehr verstecken.

Dieser letzte Durchgang hat zwei Ziele: Wie bereits erwähnt, erwischt du hier noch vereinzelte Fehler. »Ich habe immer versucht, meine Hausarbeiten vor der Abgabe noch ein letztes Mal durchzulesen«, erzählt James, Einserkandidat vom Dartmouth College. »Dabei versuche ich die letzten Macken auszumerzen.«

Zweitens – und vielleicht sogar noch wichtiger – schließt du dabei mit deiner Arbeit ab. Weil sie mittlerweile so gut ist, sollte dieser letzte Durchgang relativ flüssig sein. Hierbei entwickelst du ein besseres Gefühl für den Rhythmus und kannst dich daran erfreuen, wie sich deine Argumentation entfaltet. Das sollte dich beruhigen. Nach all der Mühe, die du in die Arbeit gesteckt hast, kannst du dir diesen letzten Durchgang als Belohnung vorstellen. Es ist wahrscheinlich das allerletzte Mal, dass du diese Hausarbeit liest. Deshalb nennen wir diesen Durchlauf Gesundheitscheck. Denn wenn du die Arbeit danach abgibst, kannst du mit Fug und Recht sagen: »Wenn ich nicht total verrückt geworden bin, habe ich wohl eine ziemlich geniale Hausarbeit abgegeben!«

Von der Theorie in die Praxis

Wie schon in Teil 2 stelle ich im Folgenden zwei Fallstudien detailliert vor, die zeigen, wie das Einserkandidatensystem in die Praxis umgesetzt werden kann. Bei dem einen Beispiel geht es um eine Hausarbeit, während sich das andere mit einer Besprechung/Rezension beschäftigt. Interessant ist, wie die beiden Studis unser System auf die jeweilige Aufgabenstellung abstimmen. Und wie in beiden Fällen das System die aufzuwendende Zeit für das eigentliche Schreiben minimiert – bei dem Schritt also, den die meisten unbegründeterweise besonders fürchten.

Fallbeispiel #1: Mindys Hausarbeit in Kunstgeschichte

Mindys Seminar über frühe amerikanische Kunst wird nicht mit einer Klausur abgeschlossen. Das war – nicht wirklich überraschend – einer der Gründe, warum sie sich für das Seminar entschieden hatte. Doch jetzt, da das Ende des Semesters naht, stellt Mindy fest, dass sich diese Freude als verfrüht erweist. Statt einer Klausur muss sie eine umfangreiche Hausarbeit mit einem Umfang von 30 bis 50 Seiten abgeben, welche die halbe Endnote ausmacht. Bei der Themenwahl ist Mindy sehr frei. Sie kann sich jeden beliebigen Künstler aussuchen, der vor der Zeit der Moderne tätig war. Der Professor hat im Seminar schon deutlich gemacht, dass er eine umfassende und durchdachte Hausarbeit erwartet. Er hat die Studenten sogar ermahnt, mit der Arbeit möglichst früh zu beginnen und sich voll hereinzuhängen. Schnellschüsse werden sofort entlarvt und mit entsprechender Nichtachtung gestraft.

Montag: Ein Monat vor Abgabe

Zwar ist es noch einen Monat bis zur Abgabe, aber Mindy beschließt, zu diesem frühen Zeitpunkt schon mit den Vorbereitungen der Einserkandidaten zu beginnen. Jetzt will sie noch nicht mit der Recherche oder dem Schreiben anfangen, dafür wäre es noch zu früh. Doch sie startet schon die leichtere »Denkphase«: das Thema auswählen, eine Idee für eine These entwickeln und sich dann eine zweite Meinung über diese Idee von ihrem Professor einholen.

In einem ersten Schritt blättert Mindy am Montagabend für eine halbe Stunde ihre Mitschriften aus dem Unterricht durch. Sie ist auf der Suche nach einem Thema, das sie wirklich interessiert. Ohne dass sie lange suchen muss, fällt ihr ein, dass der Professor zu Beginn des Seminars auf Ähnlichkeiten zwischen dem amerikanischen Maler Washington Allston und Caspar David Friedrich hingewiesen hat. Diese Verbindung zwischen den beiden war insofern interessant, da sich die beiden Künstler nie kennengelernt hatten, sofern der Professor informiert war. Dessen Kommentar hatte sich Mindy notiert und mit einem Ausrufezeichen versehen. Vielleicht steckt hinter dieser mysteriösen Ähnlichkeit ein gutes Hausarbeitsthema?

Mindy wird auf Thesenjagd gehen müssen, um da sicher zu gehen, aber es ist erst einmal ein guter Anfang.

Mittwoch: Noch drei Wochen und fünf Tage

Mindy hat sich einige Stunden freigehalten, um sich in der Bibliothek umzusehen und eine interessante These entwickeln zu können. Zunächst schaut sie im Karteikatalog nach und findet ziemlich schnell einige Monografien, die sich mit den Arbeiten von Allston beschäftigen. Zwei dieser Bücher findet sie in den Regalen und setzt sich mit ihnen an die Arbeitstische. Sie beginnt in dem einen Buch zu lesen, was ihr hilft, Allstons Hintergrund und die Bedeutung seiner Karriere besser zu verstehen. Das dauert ungefähr eine Stunde. Dabei stellt sie aber schon fest, dass es zu viel Zeit kosten würde, das gesamte Buch durchzulesen, deswegen blättert sie nach hinten zum Register weiter. Dort stößt sie auf eine Goldader: Tatsächlich gibt es einen Eintrag für Caspar David Friedrich. Sie schlägt die entsprechende Seite auf und stößt auf eine kurze Bemerkung von einem Autor (dessen Name ihr nichts sagt) über die Ähnlichkeiten zwischen den Werken von Allston und Friedrich. Mindy schlägt den Beleg für diesen Hinweis nach und findet den Titel eines merkwürdigen Buches über Philosophie und Künstler der frühen Romantik. Sie schaut nach der Registernummer des Buches, sucht es in den Regalen und entdeckt es tatsächlich. *Volltreffer!* In dem alten Werk findet sich tatsächlich ein Kapitel über Allston und Friedrich. In ihm werden zwei Werke der beiden verglichen und die Ähnlichkeiten erklärt.

Mindy kopiert dieses Kapitel und versieht die Kopien mit den Informationen, die sie später für die korrekte Zitierung des Buchs benötigen wird. Als sie die Bibliothek verlässt, hat sie also ihre eigene Kopie dieser wichtigen Quelle.

Freitag: Noch drei Wochen und drei Tage

Die Sprechstunde von Mindys Professor findet freitagnachmittags statt. Das ist die perfekte Gelegenheit für Mindy, ihre Idee für die Hausarbeit zu besprechen und eine zweite Meinung einzuholen. Das Problem ist nur, dass ihre Idee noch nicht so ganz durchdacht ist. Bisher hat sie nur ein spannendes Thema gefunden. Deswegen setzt sie sich morgens eine Stunde hin, um sich die Kopie des Kapitels durchzulesen, das sie ein paar Tage zuvor in der Bibliothek gefunden hat. Dadurch, so hofft sie, kann sie bis zur Sprechstunde einige fundiertere Ideen entwickeln.

Sie liest sich das Kapitel aufmerksam durch und kann die Aussagen des Autors gut nachvollziehen. Glücklicherweise sind seine Gedanken fokussiert: Er betrachtet je ein Werk der beiden Künstler und diskutiert dann spezielle philosophische Aspekte bei beiden. Diese Zuspitzung ist ein Glücksfall, denn sie lässt Mindy den Raum, diesen Gedanken auszuweiten – selbst, wenn sie noch nicht so ganz genau weiß, wohin das führen soll. Doch sie ahnt, dass eine klar umrissene, aber durchdachte Ausweitung eines bereits bestehenden Arguments toll wäre, um eine aussagekräftige und dennoch handhabbare These zu entwickeln.

Mindy denkt immer mal zwischendurch während des Seminars über ihr Thema nach und versucht, ihre These auszuarbeiten. Nach dem Unterricht kommt ihr plötzlich eine Idee. Der Autor erklärte in seinem Buchkapitel eine philosophische Idee, der sowohl Allston als auch Friedrich anhingen. Doch die Frage, *warum* sie das taten, wurde nicht beantwortet. Wenn es Mindy gelänge, herauszufinden, was die beiden so an der Philosophie faszinierte, hätte sie eine faszinierende These für ihre Arbeit!

Später in der Sprechstunde stellt Mindy ihre Idee ihrem Professor vor. Wichtig ist hier der Begriff »Idee«. Bisher kann sie noch nicht sagen, ob es sich lohnt, diesen Gedanken weiterzuverfolgen. Es kann gut sein, dass weitere Recherchen zu keinen neuen Informationen darüber führen, warum die beiden Künstler so von dieser einen Philosophie begeistert waren. Aber das passiert häufiger mit Ideen für Hausarbeiten – das ist das Risiko am Anfang des Prozesses. Aber wenn Mindy das mit ihrem Prof bespricht, kann sie dieses Risiko minimieren – aus einem Grund ist dieser Schritt so wichtig: Ein Professor kann aus seinem Wissensschatz und seiner akademischen Erfahrung schöpfen. Er kann recht gut einschätzen, ob eine Idee vielversprechend ist oder nicht und so seine Studenten vor einer pozenziellen Enttäuschung bewahren. Mindy hat Glück, ihrem Professor gefällt ihr Ansatz. Ihm scheint, dass Mindy einige Belege für eine Verbindung zwischen den beiden Künstlern finden könnte. Außerdem nennt er ihr einige wichtige Werke über Allston und Friedrich, die ihr vielleicht nützlich sein können.

Sonntag: Noch drei Wochen und ein Tag

Mindy geht noch einmal in die Bibliothek, die Buchtipps ihres Professors im Gepäck. Um nicht ganz vor Langweile zu vergehen, hört sie ein wenig Musik über ihr Handy und wählt zwei dieser Werke aus – eines für jeden der Künstler – und kopiert die für sie relevanten Kapitel. Das nimmt eine gute Stunde in Anspruch, aber da es keine anstrengende Arbeit ist, ist es zu ertragen.

Am selben Abend geht Mindy mit diesen neuen kopierten Quellen zu einem ihrer Lieblingsleseorte und beginnt, die Texte querzulesen sowie mit Anmerkungen zu versehen. Zwar weiß sie nicht so recht, was genau sie sucht, aber sie ist sich sicher, dass sie besser dasteht, je mehr Informationen sie gesammelt hat.

Immer wieder begegnet ihr in dem Buch über Allston ein bestimmter Name: Samuel Taylor Coleridge ist ein englischer Dichter und Philosoph, der anscheinend einen großen Einfluss auf Allston hatte.

Mindy hofft, diesen Namen auch in den Texten über Friedrich wiederzufinden – doch leider entdeckt sie dort nichts. Aber das hält sie nicht davon ab, weiterzuforschen. Wie sich herausstellt, hatte Friedrich zu seiner Zeit mit verschiedenen europäischen Philosophen und ihren Kreisen Kontakt. Daher wäre es nicht überraschend, wenn er über sie von den Ideen von Coleridge erfahren hätte.

Mindy hat Blut gerochen – sie durchforstet den Onlinekatalog der Bibliothek. Im Seminar hatten sie eine kunstgeschichtliche Datenbank genutzt, die Zeitschriftenartikel zur Verfügung stellte. Mindy sucht dort nach Artikeln, die sowohl die Stichworte Friedrich als auch Coleridge beinhalten. Nach einiger Zeit findet sie, wonach sie gesucht hat: In einem Artikel wird die Zusammenarbeit von Caspar David Friedrich und einer Gruppe deutscher Künstler beschrieben. In dem Abstract dieses Artikels wird erwähnt, dass Coleridge zu den Philosophen gehörte, von deren Werken sich diese Gruppe beeinflussen ließ.

Da ist sie, die Verbindung! Mindy druckt den Artikel aus und vergisst nicht, alle bibliografischen Angaben zu notieren, damit sie ihn später korrekt zitieren kann.

Montag bis Sonntag: Noch drei Wochen

Mindy freut sich über diese Entdeckung und schreibt ihrem Professor eine E-Mail, um ihre neue These von Coleridge als Bindeglied vorzustellen. Der findet sie ebenso gut und gibt ihr noch einige Ratschläge, welche zusätzlichen Belege ihre These noch stützen könnten.

Da Mindy nun das Einverständnis ihres Professors und eine Vorstellung davon hat, welche Quellen sie noch finden muss, um ihre Hauptaussage wasserdicht zu argumentieren, kann sie sich einen Arbeitsplan überlegen. Für die folgende Woche nimmt sie sich vor, noch weiter zu recherchieren. Die Woche darauf wird sie ihre These verfeinern, eine Gliederung erstellen und noch einmal Feedback für ihren Grundgedanken einholen. Danach hat sie exakt noch eine Woche, um die detaillierte Gliederung in einen schlüssigen Text von ein paar zig Seiten zu verwandeln. Der Zeitplan ist insofern vernünftig, da nicht jeden Tag gearbeitet werden muss und selten mehr als ein paar Stunden pro Tag benötigt werden – so lässt sich die Erstellung der Hausarbeit leicht in Mindys ohnehin schon vollen Terminkalender integrieren.

Indem sie der Strategie der Einserkandidaten folgt, arbeitet Mindy die Rechercheaufgaben stoisch ab. Jedes Mal, wenn sie in die Bibliothek geht, verbringt sie dort durchschnittlich eine oder zwei Stunden, in denen sie meist zwei oder drei sinnvolle Quellen findet. Sie kopiert jede Quelle mitsamt Impressum und versieht sie mit Anmerkungen. Während der Woche besucht sie die Bibliothek drei Mal, und dann noch einmal am Sonntag. Am Ende hat sie einen ordentlichen Stapel an Material gesammelt. Man darf nicht vergessen, dass sich Mindy bis zu diesem Zeitpunkt recht wenig Gedanken darüber gemacht hat, wie das alles am Ende zusammenpasst. Das ist erst der nächste Schritt.

Montag bis Sonntag: Noch zwei Wochen

Jetzt kommt der Schritt, der Spaß macht. Auf der einen Seite hat Mindy sich eine spannende These überlegt und auf der anderen verfügt sie über einen Stapel mit Quellen, deren Texte sie mit Anmerkungen versehen hat. Jetzt muss sie beides in einer nachvollziehbaren Weise miteinander verbinden.

Hierfür gibt es kein Patentrezept, da ist es nötig, sich gründlich Gedanken zu machen. Und genau das nimmt sich Mindy jetzt vor. In dieser Woche geht sie viel spazieren und dreht und wendet ihre Ideen. Sie stellt sich vor, ihre These einem gefesselten Publikum vorzustellen. Regelmäßig schaut sie noch mal in die Kopien, um sich in Erinnerung zu rufen, was sie schon alles gelesen hat und um ihre Neugierde frisch zu halten. Hin und wieder zwingt sie sogar ihre armen Mitbewohner, sich den neusten Stand ihrer Erkenntnisse anzuhören. Am Freitag hat sie dann eine recht klare Vorstellung davon, wie sie die Arbeit aufziehen will. Sie wird damit beginnen, die philosophische Verbindung zwischen Allston und

Friedrichs Arbeiten zu erklären (wie sie schon in der allerersten Quelle beschrieben wurde, die sie bei ihrer Thesenjagd gefunden hat). Dann wird sie darstellen, wie diese Gedanken mit Coleridges Philosophie zusammenhängen. Schließlich wird sie auf nachvollziehbare Weise den Einfluss von Coleridges Gedanken auf die beiden Künstler darstellen.

Am Nachmittag sortiert Mindy ihre Materialien in drei Stapel, entsprechend dieser drei Hauptaspekte ihrer Hausarbeit. Außerdem geht sie noch einmal in die Sprechstunde, um ihrem Professor ihre These noch mal in Einzelheiten vorzustellen und ihre Quellen an Beispielen darzulegen. Der Prof scheint von Mindys Arbeit immer noch angetan und gibt ihr ein paar gute Ratschläge, wie sie ihre Argumente noch schärfen kann.

Mit diesem Wissen bewaffnet, entwirft Mindy im Verlauf des Wochenendes ihre Gliederung. Das nimmt einige Zeit in Anspruch, da sie sie mit Zitaten auffüllen muss. Jedoch hat sie in der vorhergehenden Woche nicht sonderlich viel gemacht, außer über ihre These nachzudenken, wann immer sie dazu Gelegenheit hatte. Daher ist ein bisschen Anstrengung am Wochenende nicht zu viel verlangt.

Bis Sonntagnachmittag hat Mindy eine stringente Gliederung erstellt und sie mit Zitaten aus ihren Quellen angereichert. Mit ihrem Professor ist die Argumentation durchgesprochen, doch bevor sie mit dem eigentlichen Schreiben beginnt, möchte sie noch weitere Meinungen einholen. Deshalb verabredet sie sich am Nachmittag mit zwei Kommilitonen aus ihrem Kurs. Sie ist überrascht, wie wenig die beiden bisher geschafft haben. Wie sie hört, fangen auch die anderen aus ihrem Kurs erst jetzt damit an, die Hausarbeit vorzubereiten. Aber sie bekommt gutes Feedback auf ihre eigenen Argumente. Diese Rückmeldungen lässt sie in die Gliederung einfließen und kann nun ruhig schlafen, weil sie weiß, dass die Struktur ihrer Hausarbeit steht.

Montag bis Sonntag: Noch eine Woche

Mindy hat sich vorgenommen, jeden Tag einige Seiten zu schreiben und die gesamte Arbeit am Wochenende zu überarbeiten. Das Schreiben braucht allerdings seine Zeit und Mindy hat viel vor in dieser Woche. Es ist wenig überraschend, dass sie es daher nicht schafft, die gesamte Arbeit bis zum Freitag fertiggeschrieben zu haben. Aber sie ist nahe dran (wenn man eine detaillierte Gliederung mit den entsprechenden Zitaten parat hat, geht das Schreiben schneller von der Hand).

Abgesehen davon wird sie am Wochenende schwer beschäftigt sein, wenn sie die Hausarbeit rechtzeitig fertig geschrieben und überarbeitet haben will. Weil sie sich dessen bewusst ist, schaltet Mindy am Samstag den Turbo an. Früh morgens zieht sie sich in die ruhigere Medizinerbibliothek zurück. Mit energiefördernden Snacks und eine Thermoskanne voller Kaffee im Gepäck schreibt sie weiter, bis ihr erster Entwurf fertig ist. Dabei macht sie alle 50 Minuten eine kurze Pause. Am Ende umfasst ihr Rohentwurf 40 Seiten. Die Arbeit ist somit umfangreich, aber auch gründlich durchdacht.

Dennoch ist Mindy nicht wohl dabei, die *ganze* Überarbeitung am Sonntag machen zu müssen. Deswegen fängt sie mit dem ersten Durchgang am Computer schon nach einem gemütlichen Abendessen an. Sie hat den ganzen Tag gearbeitet, daher ist es nicht verwunderlich, dass sie schnell müde ist und nur ein Drittel der Arbeit schafft. Sie wirft irgendwann das Handtuch und geht noch mit Freunden etwas trinken. Doch weil sie schon angefangen hat, ihren Text zu überarbeiten, wird ihr die Arbeit morgen leichter fallen.

Am Sonntagmorgen macht Mindy dort weiter, wo sie aufgehört hat. Bis zum Mittagessen ist sie mit dem Checken ihrer Argumentation durch. Allmählich sieht die Arbeit gut aus. Nach dem Mittag geht sie für eine Stunde ins Sportstudio, um wieder Energie zu tanken. Nach einem kurzen Treffen mit einem Freund ist sie entspannt und ihr Gehirn ausgeruht. Am späten Nachmittag druckt sie die Arbeit aus und liest den Text laut vor. Nach dem Abendessen macht sie mit diesem langwierigen, aber nötigen zweiten Durchgang weiter. Gegen 21 Uhr ist sie damit fertig. Um 22.30 Uhr hat sie ihre Änderungen in die Datei übertragen. Zeit, ins Bett zu gehen.

Montag: Abgabetermin

Montagmorgen hat sich Mindy für den Gesundheitscheck freigehalten. Während sie den neuen Ausdruck rasch durchliest, fallen ihr noch einige kleine Fehler auf. Doch noch wichtiger ist es, dass sie bei diesem Durchgang an Selbstbewusstsein gewinnt. Nach all der Arbeit ist sie recht stolz auf ihre Argumentation. Sie ist durchdacht, gut belegt und gut formuliert. Sie ist gespannt, was ihr Professor dazu sagen wird.

Nach dem Unterricht übergibt Mindy ihrem Prof die Arbeit mit einem Lächeln. Beim Reinkommen hat sie amüsiert bemerkt, wie hohläugig einige ihrer Kommilitonen in den Hörsaal gewankt kamen. Für viele von ihnen kam der Abgabetermin vollkommen überraschend, eine Woche lang haben sie hektisch recherchiert und geschrieben. Gegenüber diesen Last-Minute-Anstrengungen wird sich Mindys Hausarbeit deutlich abheben.

Das Ergebnis

Wenig überraschend ist Mindys Arbeit hervorragend, sie bekommt eine Eins plus. Der Professor hat außerdem eine ganze Seite hymnische Kommentare angefügt.

Man muss jedoch betonen, dass Mindy insgesamt nicht länger für das *Schreiben* diese Arbeit gebraucht hat als ihre Kommilitonen. Im Prinzip hat sie sogar weniger Zeit am Computer verbracht, denn als sie sich an die Tastatur gesetzt hat, wusste sie schon genau, was sie schreiben wollte. Ebenso wichtig ist, dass Mindy vermieden hat, viele Stunden am Block zu arbeiten. Abgesehen von einem langen Abend am letzten Tag und einem langen intensiven Schreibtag am vorletzten Tag, ist es Mindy gelungen, nicht mehr als ein paar Stunden am Tag an dieser Aufgabe zu arbeiten. Eine hervorragende »Einser«-Hausarbeit abzugeben hat kaum Auswirkungen auf ihren sonstigen Tagesablauf gehabt. Das ist das Besondere an der Einser-Strategie. Du bekommst bessere Noten *und* das Ganze geht viel schneller vonstatten.

Fallbeispiel #2: Chris' Kritik für Filmwissenschaft

Nachdem wir den intensiven, einmonatigen Arbeitsaufwand für eine Hausarbeit dargestellt haben, kommen wir nun zum entgegengesetzten Ende des Aufgabenspektrums: einer Besprechung oder Rezension. Dieser Prozess ist vergleichsweise einfach, denn es handelt sich um eine kurze kritische Würdigung. Wir schauen uns die Arbeit von Chris an, in dessen Seminar in Filmwissenschaft jede Woche eine Aufgabe gestellt wird. Jeden Montag schaut der Kurs einen Film, für den eine bestimmte Anzahl an Texten zu seinen Vorzügen oder Nachteilen gelesen werden muss. Auf dieser Basis muss eine kurze (zwei bis fünf Seiten) lange Kritik erstellt werden, in welcher der Student seine Meinung darstellt und wie sie in Relation zu den gelesenen Texten steht. Am Montag darauf muss die Kritik abgegeben werden.

Montag: Noch eine Woche bis zur Abgabe

Weil jede Woche dieselbe Aufgabe droht, hat sich Chris durch die Trial-and-Error-Methode einen schlauen Arbeitsplan erarbeitet, um nicht zu viel Zeit in seine Kritik zu investieren. Denn schließlich hat er auch noch andere Kurse in der Woche. So sieht sein Plan aus: Den Montag hat er dafür reserviert, einige Texte aus dem Studienplan auszuwählen und sie gründlich zu lesen. Von Dienstag bis Donnerstag muss er mit der Lektüre fertig sein, am Samstag schreibt er die Gliederung und am Sonntag schreibt er seine Kritik und nimmt sich Zeit für die Überarbeitung.

Entsprechend seinem Plan verschafft sich Chris am Montag eine Übersicht im Studienplan. Meist sind dort für die Woche drei oder vier Texte aufgeführt, die zu lesen sind. Christopher hat allerdings die Erfahrung gemacht, dass zwei Texte ausreichen, um seine Kritik zu formulieren. Als Erstes wählt er die beiden aus, auf die er sich konzentrieren möchte. Nachdem er von allen kurz die Einleitung überflogen hat, wählt er zwei aus, die den Film anscheinend ganz unterschiedlich bewerten. Ein Essay lobt ihn sehr, der andere hat nur vernichtende Kritik für ihn übrig. Solche krassen Gegensätze sorgen immer für genügend Stoff für eine kurze Analyse.

Dienstag: Noch sechs Tage

Chris ist mit dem ersten Text durch. Es handelt sich dabei um ein Buchkapitel, das einigermaßen kompliziert geschrieben ist. Er versucht, sinnvolle Notizen auf dem Laptop aufzuzeichnen, und nutzt dafür das Fragestellung/Beweise/Fazit-Schema, das in Teil 2 beschrieben wurde. Weil er die Aufzeichnungen nicht rechtzeitig fertiggestellt hat, muss er nach dem Abendessen noch einmal an den Schreibtisch. Kein Problem.

Mittwoch: Noch fünf Tage

Chris nimmt sich den zweiten Text vor. Dafür hat er vormittags zwei Stunden reserviert, in denen er besonders viel Energie hat. Er kommt gut voran und ist früher fertig.

Donnerstag und Freitag: Noch vier bzw. drei Tage

An diesen beiden Tagen braucht Chris sich nicht um die Kritik zu kümmern. Er hat mehr als genug Arbeit für seine anderen Seminare, die ihn den Donnerstag über in Beschlag nimmt. Und der Freitag ist, wie immer, dem Projekt gewidmet, seine aufgestaute Energie beim Feiern mit seinen Freunden abzubauen.

Samstag: Noch zwei Tage

Am Nachmittag druckt Chris seine Notizen aus. Wie immer liest er sie zu Hause und nimmt dann einen langen Umweg in die Bibliothek, auf dem er sich die Struktur für seinen Aufsatz überlegt. Dabei ist er schon zu dem Schluss gekommen, dass er dem lobenden Text eher zustimmt. Dieser konzentriert sich primär auf die technischen Aspekte des Werks und geht auf die besondere Mischung aus krassem Licht und schnellen Schnitten ein. Der Autor fällt das Urteil, dass es sich bei dem Werk um eine erfrischende Neuinterpretation des Film Noir handele. Chris stimmt dem Urteil hinsichtlich der Umsetzungsaspekte zu, außerdem aber erinnert er sich, dass er die Dialoge besonders gelungen fand. Beim Schauen fiel ihm auf, dass sie ihn fesselten, aber vor dem Hintergrund seiner Lektüre wird ihm allmählich klar, warum. Die Dialoge waren deshalb so interessant, weil sie altmodisch und für den Film Noir typisch waren, aber ebenso aus schneller, urbaner Umgangssprache bestanden. Weil das eine coole Erweiterung für die Argumentation aus dem Text sein könnte, beschließt Chris, darauf seine Kritik aufzubauen.

Zum Arbeiten zieht sich Chris in seine Lieblingsecke in der Bibliothek zurück, klappt seinen Laptop auf und notiert eine grobe Gliederung. Dabei entscheidet er sich für ein klassisches Format: Er wird mit einer kurzen Zusammenfassung der beiden gelesenen Texte beginnen. Dabei wird er die negative Kritik kurz erwähnen und ihr größtenteils zustimmen, dann aber darauf hinweisen, dass die positiven Aspekte des Films die schlechten überwiegen. Den positiven Text schlachtet Chris noch ein wenig aus und schließt dann sein Argument an. Dabei stellt er dar, wie die Dialoge den Eindruck einer Kombination aus alten und neuen Techniken verstärken. In seinem kurzen Fazit bezeichnet er den Film als ein bedeutendes Werk, was einen schönen Abschluss für die Kritik darstellt. Am Ende sieht sein Themenskelett folgendermaßen aus:

- Zusammenfassung der positiven und negativen Kritik
- Anerkennung der negativen Rezension und Ablehnung
- detailliertere Darstellung der positiven Kritik
- mein Argument über den Dialog als modernisierende Kraft
- Fazit

In einem nächsten Schritt kopiert er die relevanten Zitate aus den beiden Primärquellen in die Gliederung hinein. Weil er es nur mit zwei Werken zu tun hat, die er gründlich gelesen hat, dauert das nicht sehr lang.

Schließlich schreibt Chris innerhalb einer halben Stunde einen Entwurf für seine Einleitung, obwohl er noch dringend andere Dinge zu erledigen hat. Aber er hat festgestellt, dass es ihm leichter fällt, mit dem Schreiben am nächsten Tag anzufangen, wenn schon etwas (selbst wenn es nur ein Absatz ist) auf dem Papier steht.

Sonntag: Noch einen Tag

Nachdem er die Nachwirkungen der Party vom Samstagabend verdaut hat, geht Chris wieder in die Bibliothek. Wie immer schreibt er seine Kritik am Sonntagnachmittag, daher weiß er genau, wie er vorgehen wird. Er hat seine Gliederung und schon eine niedergeschriebene Einleitung, deswegen wird er mit dem Schreiben nur einige Stunden verbringen. Er isst früh zu Abend, nachdem der grobe Entwurf seiner Kritik schon fertig ist.

Später am Abend checkt Chris seine Argumentation und druckt dann eine Version aus, um sie laut vorzulesen. Weil die Kritik nur wenige Seiten lang ist, braucht er für die ersten beiden Durchgänge nur knapp eine Stunde. Er macht eine kurze Fernsehpause, danach widmet er sich dem Durchgang mit der Gesundheitsprüfung – sie dauert 15 Minuten. Mehr nicht. Er ist fertig. Er druckt noch mal die aktuelle Version aus und packt sie schon mal in seinen Rucksack, damit er sie am Morgen nicht vergisst.

Das Ergebnis

Und schon wieder hat unser Einserkandidat nicht mehr Zeit zum Lesen und Schreiben für seine Kritik aufgewendet als seine Kommilitonen. Aber seine Arbeit wird, wie all seine Arbeiten zuvor, eine glatte Eins kassieren. Warum? Weil er die Phasen Lesen, Denken und Schreiben klar voneinander getrennt hat. Das führt zu einer durchdachten Argumentation, die er klar formuliert hat. Da er die Lektüre schon am Mittwoch gelesen hatte, standen Chris zwei Tage zur Verfügung, an denen seine Gedanken im Hinterkopf Form gewinnen konnten. Bevor er sich an die Gliederung am Samstag machte, hatte Chris das gelesene Material gut verdaut. Da er zunächst die Gliederung geschrieben hatte und erst am nächsten Tag mit dem eigentlichen Text begann, hatte er (bewusst oder unbewusst) noch eine weitere Nacht, um das Material sacken zu lassen. Als er sich dann am Sonntag an den Computer setzte, hatte er sich schon länger mit den wichtigen Aspekten seiner Kritik auseinandergesetzt. In seinem Aufsatz spiegelte sich das wider und daher ist es kaum überraschend, dass er eine sehr gute Note dafür bekam.

Teil 3: Spickzettel

Schritt 1: Ein prickelndes Thema finden

- Fang früh an, ein spannendes Thema zu suchen.

Schritt 2: Geh auf Thesenjagd

- Fange mit allgemeineren Werken an und arbeite dich dann zu den spezielleren Quellen vor, in denen sich häufig gute Ideen für eine schriftliche Arbeit verstecken.

Schritt 3: Hol dir eine zweite Meinung ein

- Eine These ist noch keine These, solange dein Prof sie nicht abgenickt hat.

Schritt 4: Du bist die Recherchemaschine

- Suche Quellen.
- Kopiere alle Texte.
- Mach dir Notizen zu den Texten.
- Entscheide, ob du fertig bist. (Sollte die Antwort »Nein« lauten, zurück zu Schritt 1.)

Schritt 5: Eine fesselnde Story gestalten

- Es führt kein Weg darum herum, eine ausgewogene und klare Argumentation auszuarbeiten.
- Nimm dir viel Zeit, um es richtig zu machen.
- Verfasse eine Gliederung, mit der du deine Hauptaussage begründest.

- Kopiere die entsprechenden Zitate aus deinen Quellen direkt in diese Gliederung.

Schritt 6: Befrag deine Expertenrunde

- Bitte Mitschüler oder Kommilitoninnen, Freunde oder Verwandte, die sich ein wenig mit schriftlichen Arbeiten auskennen, um ihre Meinung, bevor du mit dem Schreiben anfängst.
- Je wichtiger die schriftliche Arbeit ist, desto mehr Leute solltest du befragen.

Schritt 7: Schreiben ohne Quälerei

- Folge deiner Gliederung und formuliere deine Aussagen präzise.
- Schreibe nicht mehr als drei bis fünf Seiten an Wochentagen und fünf bis acht Seiten an einem Samstag oder Sonntag.

Schritt 8: Überarbeiten, aber nicht übertreiben

- Eine gründliche Überarbeitung ist mit nur drei Durchgängen zu schaffen:
  - *Argumente checken:* Lies dir die Arbeit aufmerksam am Computer durch. Stell sicher, dass deine Hauptaussage klar herausgestellt ist, korrigiere offensichtliche Fehler und schreib holprige Passagen um.
  - *Laut vorlesen:* Druck die Version aus und lies sie laut vor. Markiere ungeschickt formulierte Sätze oder unklare Erläuterungen.
  - *Gesundheitsprüfung:* Lies dir die aktualisierte Version auf Papier durch, um noch einmal den Lesefluss zu überprüfen und letzte Fehler zu korrigieren.

Schlussbemerkung

»All die Leute, die ich in meinem Leben bewundert und respektiert habe, führten ein ausgeglichenes Leben – sie lernten stramm und sie machten stramm Party. Außerdem hatten sie Hobbys und sorgten dafür, dass sie jede Nacht ausreichend Schlaf bekamen. Ich glaube wirklich, dass das die einzig vertretbare Weise ist, sein Leben zu führen.«

Chris, *Einserkandidatin am College*

Herzlichen Glückwunsch! Jetzt beginnt ein neuer und spannender Abschnitt an deiner (Berufs-)Schule oder an der Universität! Gleichgültig, ob du mit allen Ratschlägen einverstanden bist, die du hier gelesen hast. Viel wichtiger ist jedoch, dass du bis jetzt zwei entscheidende Erkenntnisse gewonnen hast: 1. Lernen mit der Holzhammermethode ist unglaublich ineffizient; und 2. gibt es einige Techniken, die viel besser als Brachialgewalt funktionieren und außerdem Zeit sparen. Wenn du das berücksichtigst, kannst du jetzt gut und gern die Mehrheit deiner Mitschüler oder Kommilitoninnen hinter dir lassen und anfangen, gute Noten einzuheimsen, ohne dass deine Gesundheit, deine Lebensfreude oder dein Freundeskreis darunter leiden müssen.

Allerdings habe ich noch eine Bitte an dich: Sobald du anfängst, diese Ideen in die Praxis umzusetzen und ihre Vorteile genießt, erinnere dich daran, wie es vorher war. Wenn du dann das nächste Mal einen armen Mitschüler oder Studi gramgebeugt über Büchern in der Bibliothek sitzen siehst, mit rotgeränderten Augen von einer durchgearbeiteten Nacht, oder wenn du einen Freund triffst, der kurz davor ist, einen Nervenzusammenbruch zu haben, weil er einen Abgabetermin nicht schafft – nimm ihn zur Seite und mach ihm begreiflich, dass es auch anders gehen kann. Sag ihm, dass Lernen nicht darin besteht, dieselben Texte und Notizen immer wieder zu lesen, oder dass das Schreiben einer schriftlichen Arbeit nicht immer so ablaufen muss, dass man nächtelang vor dem Computer hockt. Diese Aufgaben müssen gar nicht so viel Energie zehren. Man braucht gar keine Angst vor ihnen zu haben. Mit der richtigen Anleitung und der Bereitschaft, nicht der gängigen Meinung zu folgen, sowie mit einem bisschen Experimentierwillen können sich das Lernen und das Schreiben akademischer Texte so entwickeln, dass du sie gern machst und du sie zu den befriedigendsten Aspekten deiner Schul- oder Unilaufbahn zählst. Das weißt du jetzt. Gib dein Wissen weiter.

In einer Zeit, in der unsere Generation zunehmend gestresst und desillusioniert ist von Lebensumständen, die uns von außen aufgezwungen werden, hat diese Einsicht besonderes Gewicht. Indem du die Fertigkeiten, die du in diesem Buch gelernt hast, anwendest, übernimmst du in der Tat Kontrolle über dein junges Leben. Damit zeigst du der Welt, dass du nicht zur Schule oder Uni gehst, weil man das halt so macht, sondern dass du lernst, um dir neue Wissensgebiete zu erschließen, deine kognitiven Fähigkeiten zu schulen und nebenbei auch noch Spaß zu haben. Darüber hinaus weißt du, dass weder dein Hauptfach noch das wirtschaftliche Klima oder der Arbeitsmarkt dir diktieren können, was du nach deinem Abschluss machst. Indem du dir Bestnoten erarbeitest, öffnest du die Tür zu vielen interessanten und wettbewerbsfähigen Jobmöglichkeiten, die dir allein die Wahl lassen, welche nächsten Schritte dir am meisten Freude machen werden. Am Ende dreht sich dieses Buch also um viel mehr als nur gute Noten. Es geht darum, die Verantwortung für deinen Lebensweg zu übernehmen. Für dieses Abenteuer wünsche ich dir viel Glück, und ich hoffe, dieser Rat hilft dir dabei, in eine aufregende Zukunft zu starten.

Danksagung

Ich möchte gern den folgenden Einserkandidaten dafür danken, dass sie sich die Zeit genommen haben, mir ausführlich von ihren Lerngewohnheiten zu berichten. Ihre Antworten auf meine Fragen waren wohlüberlegt und aufschlussreich. Ich hoffe, sie freuen sich weiterhin so darauf, ihr Wissen an eine neue Generation motivierter Schüler und Studis weiterzugeben, wie ich.

Jason Auerbach, Lacey J. Benson, Robert Blair, Christopher R. Bornhorst, Wendy Brill, Melanie Chiu, Nathalie Cohen, John Corwin, Christine DeLucia, Hrishikesh Desai, Nic Duquette, Ryan A. Foley, Chris Goodmacher, Lee Hochbaum, Doris Huang, Andrew Huddleston, Sean Kass, Suzanne Kim,

Chien Wen Kun, Worasom Kundhikanjana, Rachel Lauter, Frank Lehman, Simon McEntire, Vito Menza, Greta S. Milligan, Rielle Navitski, Tyra A. Olstad, Anna S. Parachkevova, David R. Peranteau, David Philips, Jeremy S. Presser,

Jonathan Sar, Imran Sharih, Gaurav Singhania, Laura M. Smalligan, Lydia J. Smith, Suzanne Smith, Jenna Steinhauer, Lukasz Strozek, Matthew Swetnam, James F. Tomczyk, Leigh C. Vicens, Srigowri Vijayakumar, John P. Welsh II. und Gretchen Ziegler.

Außerdem wäre dieses Werk nicht entstanden ohne den unermüdlichen Einsatz meiner Agentin Laurie Abkemeier und meiner Lektorin Ann Campbell. Beide mussten meine stets neuen und zunehmend empathischen Theorien über den Charakter, die Hoffnungen und Träume von Collegestudenten in der heutigen Zeit ertragen. Sie haben mich immer wieder dahin gebracht, mich auf die grundlegende Arbeit zu konzentrieren, sinnvolle Ratschläge zu entdecken und sie klar und deutlich zu formulieren. Ich muss mich auch bei Julie, meiner Partnerin und Muse bedanken. Ohne ihre verlässliche Unterstützung und Geduld wäre dieses Projekt nicht möglich gewesen.

Über den Autor

Der Bestsellerautor und Informatiker **Cal Newport** betreibt in den USA die beliebte Website Study Hacks. Seine erfolgreichen Karriere- und Zeitmanagementbücher zum Thema »Deep Work« wenden sich oft mit unkonventionellen Ratschlägen an die Leser. Von ihm sind im Redline Verlag bereits die Bestseller *Konzentriert arbeiten*, *Digitaler Minimalismus* und *Eine Welt ohne E-Mail* erschienen.